Tucholsky Wagner Zola Scott Sydow Freud Schlegel
Turgenev Wallace Fonatne Schlegel
Twain Walther von der Vogelweide Fouqué Friedrich II. von Preußen
Weber Freiligrath Frey
Kant Ernst
Fechner Fichte Weiße Rose von Fallersleben Richthofen Frommel
Hölderlin
Engels Fielding Eichendorff Tacitus Dumas
Fehrs Faber Flaubert
Maximilian I. von Habsburg Fock Eliasberg Ebner Eschenbach
Feuerbach Zweig
Ewald Eliot Vergil
Goethe Elisabeth von Österreich London
Mendelssohn Balzac Shakespeare Dostojewski Ganghofer
Lichtenberg Rathenau Doyle Gjellerup
Trackl Stevenson Hambruch
Mommsen Tolstoi Lenz Droste-Hülshoff
Thoma Hanrieder
Dach von Arnim Hägele Hauff Humboldt
Verne
Karrillon Reuter Rousseau Hagen Hauptmann Gautier
Garschin Defoe Baudelaire
Damaschke Hebbel
Descartes Hegel Kussmaul Herder
Wolfram von Eschenbach Schopenhauer Rilke George
Darwin Dickens Grimm Jerome
Bronner Melville Bebel Proust
Campe Horváth Aristoteles Voltaire Federer Herodot
Bismarck Vigny Barlach Heine
Gengenbach
Storm Casanova Tersteegen Grillparzer Georgy
Chamberlain Lessing Langbein Gilm Gryphius
Brentano Lafontaine
Strachwitz Claudius Schiller Kralik Iffland Sokrates
Katharina II. von Rußland Bellamy Schilling
Gerstäcker Raabe Gibbon Tschechow
Löns Hesse Hoffmann Gogol Wilde Vulpius
Luther Heym Hofmannsthal Gleim
Roth Klee Hölty Morgenstern Goedicke
Heyse Klopstock Kleist
Luxemburg Puschkin Homer Mörike
La Roche Horaz Musil
Machiavelli Kraft Kraus
Navarra Aurel Musset Kierkegaard
Nestroy Marie de France Lamprecht Kind Kirchhoff Hugo Moltke
Laotse Ipsen Liebknecht
Nietzsche Nansen
Marx Ringelnatz
von Ossietzky Lassalle Gorki Klett Leibniz
May vom Stein Lawrence Irving
Petalozzi Knigge
Platon Michelangelo Kafka
Sachs Pückler Kock
Poe Liebermann
de Sade Praetorius Mistral Zetkin Korolenko

Der Verlag tredition aus Hamburg veröffentlicht in der Reihe **TREDITION CLASSICS** Werke aus mehr als zwei Jahrtausenden. Diese waren zu einem Großteil vergriffen oder nur noch antiquarisch erhältlich.

Symbolfigur für **TREDITION CLASSICS** ist Johannes Gutenberg (1400 — 1468), der Erfinder des Buchdrucks mit Metalllettern und der Druckerpresse.

Mit der Buchreihe **TREDITION CLASSICS** verfolgt tredition das Ziel, tausende Klassiker der Weltliteratur verschiedener Sprachen wieder als gedruckte Bücher aufzulegen – und das weltweit!

Die Buchreihe dient zur Bewahrung der Literatur und Förderung der Kultur. Sie trägt so dazu bei, dass viele tausend Werke nicht in Vergessenheit geraten.

Des großen Krieges Not

Kriegsgedichte und Lieder der Trennung

Max Dauthendey

Impressum

Autor: Max Dauthendey
Umschlagkonzept: toepferschumann, Berlin

Verlag: tredition GmbH, Hamburg
ISBN: 978-3-8424-8910-3
Printed in Germany

Text der Originalausgabe

Max Dauthendey

Des großen Krieges Not

Kriegsgedichte und Lieder der Trennung

1914-1918

Kriegsgedichte

Drückende Botschaft

Der Abendhimmel bräunt sich still entzündet,
Das Meer wird blasser und von Dunkelheit umzäunt.
Und alte Bäume, in den Kronen breit gerundet,
Die wurzeln an dem Weg, der leer zum Wasser mündet,
Kein Windhauch wandert mehr.
Die Stille aber bringt drückende Botschaft her.

(Makassar, 28. August 1914)

Es schreien Stimmen nachts

Ich höre heller, als die Ohren wissen.
Es schmerzen Echos, tief in mir geboren.
Es schreien Stimmen nachts aus meinen Rissen,
Die Stimmen Mutiger, die ihre Kraft verloren,
Die auf des Krieges Feldern liegen, verblutet und zerrissen.

(Makassar, 29. August 1914)

Es liegt bei mir und schreit des großen Krieges Not

Muß hören durch die Nacht das Stöhnen und das Stampfen,
Den Pfiff von Schüssen, die im Flug zerstören,
Den Schlag der Fäuste, die im Kampf sich krampfen,
Die wie die Wurzeln werden hart und tot –
Es liegt bei mir und schreit des großen Krieges Not.

(Makassar, 29. August 1914)

Und immer wiederholt es sich, das Grauen

Beklommen muß ich tags zur Sonne schauen
Und sitze wie im Blutdampf, blind benommen.
Und immer wiederholt es sich, das Grauen.
Des Himmels Pracht, die blaue, seh' ich wundenrot.
Es liegt bei mir und schreit des großen Krieges Not.

(Makassar, 29. August 1914)

Vier deutsche Handelsschiffe

Vier deutsche Handelsschiffe liegen rauchlos dort,
Die Strömung dreht sie stet am gleichen Ort.
Sie sind verankert, haben Weile, warten ab,
Bis sich gefüllt das Riesenmassengrab
Fern in der Heimat, das der Krieg gegraben,
Und sich die Raben sattgefressen haben.

(Makassar, 29. August 1914)

Verbannt in fremdes Südseeland

Verbannt in fremdes Südseeland,
Muß ich von ferne schauen,
Wie täglich sich die Leichenberge Europas höher bauen,
Wie täglich Heldentaten, große, tausendfach geschehen,
Wie kleine Bäche hochgefüllt mit Blut jetzt gehen,
Und wie vorm Tränenfall der Trauernden daheim
Kein Himmelsblau bald mehr zu sehen.

(Makassar, 31. August 1914)

Will härter als die Meeresteine stehen

Zwei große Adler schaukeln in der Morgenluft ums Schiff.
Vielleicht aufs Meer mein klopfend Herz die großen Vögel rief.
Die Adler möcht' ich senden über Ozeane zur Brudschar
Mit meinem heißen Herzen hin zum deutschen Aar.
Will härter als die harten Meeressteine stehen
Und keinen Herzschlag spüren mehr,
– Sollt' Deutschland untergehen.

(Makassar, 31. August 1914)

Ich steh' geblendet

Im Bambus schaukeln rot und blaue Papageien,
Und glänzend in der lila Sonne wehen der Kokospalmen grüne
Reihen.
Darunter gehen, bunt wie Edelsteine, die gelbgesichtigen Malaien.
Ich steh' geblendet im perlmutterweißen Sand im Meergeruch, im
freien,
Und seufze: "All die schnellen Südseefarben, sie können nicht das
Trauerschwarz
In meinem Herzen überschreien."

(Makassar, 31. August 1914)

Die Sonne läßt mich stehen

Die Sonne sank, das Land ward rot,
Bis alles Feuer in dem Meer ertrank.
Ein Dämmerstreifen blieb. Der Tag ist tot.

Der Tag, der hier an mir vorübergeht –
Spurlos wie Luft, die über Wasser weht –
Der Tag sagt morgens schon und winkt: "Komm, es ist spät.

Eil dich, die Heimat und die Liebste flehen."
Doch ach, die Sonne steigt und sinkt
Und läßt mich stehen.

(Makassar, 31. August 1914)

Vergrämt ist hier des Landes Angesicht

Ich landete bei Inseln heute, deren Wälder verdorrt;
Sonne hat die Wasser aufgesogen an jedem Ort.
Waldäste stehen grau und braun, blattleer im Licht.
Vergrämt, verarmt ist hier des Landes Angesicht.
Und so gequält wie jene Durstigen, die ohne Saft sich winden,
Kann auch mein Sinn jetzt früh und spät nicht Trost mehr finden.

(Soembawa, Sunda-Inseln, 2. September 1914)

Nacht um Nacht

Der Mond zieht hinterm Schiff einher,
Er wird des Abends Herr im Meer,
Begleitet Nacht um Nacht die Fahrt.

Ich hab' ihm forschend nachgestarrt,
Ich fragte ihn: "Wohin so spät?"
– Auch er weiß nicht, wohin es geht

(Soembawa, 2. September 1914)

Meines Herzens Kriegsgespenster

Mir war, ich hörte draußen am Kabinenfenster
Zur Nacht Hurrageschrei im Meer.
Es waren meines Herzens Kriegsgespenster,
Die zogen johlend in der Nacht umher.

Sie schlugen Schlachten um das Schiff im Wind.
Ach, wüßt' ich, ob sie Sieger, ob Besiegte sind!

(Soerabaya, 6. September 1914)

Und ob ihr Tod und Teufel ruft

Zu Land, im Meer und in der Luft
Stehn alle auf, mit uns zu ringen.
Doch ob ihr Tod und Teufel ruft, –
Heil, Deutschland ist nicht umzubringen.

Die deutsche Kraft, den deutschen Geist
Ihr nicht so leicht in Stücke reißt.
Ein ehrlich Volk mit gradem Sinn
Stiebt nicht in alle Winde hin.

Wir wollen es euch lohnen,
Daß ihr gar hoch uns eingeschätzt
Und rund in allen Zonen
Das Eisen heftig gen uns wetzt.

Wir wollen blutig danken,
Nicht vor dem Sturme wanken.
O, schönes Deutschland, bist es wert,
Die große Feindschaft hoch dich ehrt.

Gern stirbt für dich der letzte Mann!
Das Schicksal aber wird's nicht wollen.
Seht euch die deutschen Wälder an,
Ob alle Eichen stürzen sollen.

Im Wald, im Meer und in der Luft
Soll manches deutsche Lied noch klingen.
Und ob ihr Tod und Teufel ruft, –
Heil, Deutschland ist nicht umzubringen.

Stampfe, Maschine, stampfe

Stampfe, Maschine, stampfe,
Jung-Deutschland zog zum Kampfe.
Kein Weib sah man da klagen,
Sie taten's mutig tragen.

Stampfe, Maschine, stampfe,
Jung'Deutschland stand im Kampfe.
Nun Hüft' an Hüfte liegen
Die Toten, die da siegen.

Stampfe, Maschine, stampfe,
Nacht ist es nach dem Kampfe,
Viel schnelle Bäche fluten,
Jung-Deutschland muß verbluten.

(An Bord vor Sumatra, 12. September 1914)

Nie war die Welt so erdenschwer

Hilf Gott, wie ich mich quäle!
Todstill wird meine Seele.
Ich weiß schon längst von Lust nichts mehr,
Nie war die Welt so erdenschwer.
Mein Herz zuckt schmerzend Stund' um Stund',
Nur Feinde, Feinde wandern rund.

(Medan, Sumatra, 15. September 1914)

Ich sah der großen Stille zu

Indiens Tannen aufrecht in der Nacht.
Und im Netzwerk ihrer Nadelzweige
Stehen alte Sterne jung entfacht.
Muß an meinem Fenster schauend bleiben
Und steh' schweigend vor der Sterne Treiben,
Die ins Dunkel weite Wege schreiben. –
Und ich sah der großen Stille zu.
Sprach zu meiner Sorge: "Sorge, schweige!
Sieh, die Sterne wandern immer noch voll Ruh'."

(Lima Poeloe, 7. Oktober 1914)

Bis weit nach Asien zeigt das All

Bis weit nach Asien zeigt das All
Des großen Krieges Widerhall.
Die Sonne geht mit blassem Leibe
Ums Atapdach.
Sie zeigt kaum noch die bange Scheibe,

Ihr Strahl ward schwach.
Versteckt im Dunst, bleibt sie verschwunden,
Der Mittag gleicht den Abendstunden.
Fern in Europa ging durch Blut
Ihr Strahl seit Tagen,
Nun fehlt zum Leuchten ihr der Mut.
Sie will nicht immer Licht nur tragen
Zum Töten und zum Wundenschlagen.
Sie macht den Weg tief grau verhüllt,
Bis daß der Friede sich erfüllt.

(Lima Poeloe, 18.Oktober 1914)

Die Kriegsnot wütet in meinem Herzen

Wie bin ich verdammt zum Lesen hier,
Zum Kriegserleben auf Zeitungspapier,
Ich folge den Heeren nur zwischen den Zeilen,
Durchstampfe mit Buchstaben Schlachtfeld und Meilen,
Verliere, gewinne zu Land und Meer
Und wende das Zeitungsblatt hin und her.
Und doch fühl' ich aller Verwundeten Schmerzen.
Die Kriegsnot wütet in meinem Herzen. –
Ich weiß nicht: legt' ich das Blatt aus der Hand,
Oder flog's vor mir auf in zornigem Brand?

(Lima Poeloe, 24. Oktober 1914)

Keiner stirbt, der für das Leben fällt

Alle großen Berge wurden klein,
Nirgends ist ein Berg so schwer aus Stein
Als der Berg der Schmerzen und der Klagen,
Den die Menschen in der Kriegsnot tragen.

Nächte werden wilde Ewigkeit.
Nie war je so krasse Winterszeit.
Viel Verzweifelte ins Dunkel stieren,
Viele tausend Tote machen frieren.

Auch der Frieden brächt' nicht Frieden her.
Siege wecken Tote nimmermehr.

Nur ein Tor spricht mir von frohen Siegen,
Nur ein Narr kann froh bei Gräbern liegen.

Grollend dacht' ich's, und der Regen fiel.
Und der Krieg trieb fort sein wütend Spiel.
Suchend mußt' ich in die Wolken schauen,
Wo der Himmel weinte wie die Frauen.

Aber lebte nicht ein ewig Blau,
Ewig Sonnenlicht dort hinterm Grau?
Dieses kannte keine armen Toten,
Helle Helden ihren Gruß mir boten.

All die Tapfern sprachen auf mich ein:
"Sollen wir umsonst verblutet sein?
Deine Klagen wollen uns entwerten,
Uns, die wir den Gott der Tat verehrten.

Keiner stirbt, der für das Leben fällt,
Keiner, der gekämpft für seine Welt.
Und ihr sollt um uns nicht Klage tragen.
Um Verklärte nicht aus größten Tagen.

Größer als die Sorge ist die Kraft,
Die aus Totem Berge Leben schafft."
Danach sah ich sie, die hingegangen,
Höher als den Berg der Kriegsnot prangen.

(Tana Besih, Sumatra, 25. November 1914)

Sternenlose Nacht im Battakland

Sternenlose Nacht im Battakland,
Nur ein Blitz schießt auf am Erdenrand,
Zeigt die Berge mächtig, Wand bei Wand,
Mißt der toten Finsternisse Breite,
Reißt die Seele mir hinaus ins Weite,
So wie Blitz und Nacht, lieg' ich mit dem Heimweh stumm im Streite.

(Brastagi, Sumatra, 9. Dezember 1914)

Der "Emden" Nachruf

Wie oft sind wir im Osten hier erwacht,
Und jeder hat dann rasch bei sich gedacht:
Wo kämpft die "Emden" diesen Augenblick,
Und welches wird das Ende, das Geschick
Der Deutschen, die auf jenes Kriegsschiffs Planken
Eng Kameraden wurden den Gedanken?

Wir hörten nah des fernen Schiffes Rauschen.
Ein jeder Mann wollt' mit den Männern tauschen,
Die dort als Wache standen auf dem Deck,
Stumm aufmerksam vom Bug bis an das Heck.
Wir lebten dicht am Bord die Taten mit.
Jed' Herz fuhr auf der "Emden" hin und stritt.

Wie flog uns heilig heißes Feuer an,
Kam Kunde, was ein Schifflein wirken kann.
Als sie zum erstenmal fünf Boote nahm,
Die "Emden" leuchtend in die Brust uns kam.
Noch nachts der "Emden" Lichter uns umglühten.
Des Deutschen Wunsch war: Herr, wollst sie behüten!

Damit begann der Abenteuer Reigen.
Von da wir alle auf die "Emden" steigen.
Wir folgen ihr im dunkeln Weiterziehn
Wie Sonne, die auf blinden Nebel schien.
Bald hören wir in grauer Ferne Kampf,
Kanonenschüsse hinterm Nebeldampf.

Welch' Mut doch diese tolle "Emden" hat!
Erst schießt das kleine Schiff auf eine Stadt,
Dann dringt's verkappt in einen Hafen ein.
Die Herzen weiten sich, die vorher klein.
Man hört berauscht, wie unerhört sie handelt,
Die "Emden" wird zum Geisterschiff verwandelt.

Denn eh' die Feinde zur Besinnung kamen,
Schoß sie ein russisch Panzerschiff zusammen.
Sie wird zum großen Grauen, kämpft und raucht
Gleich wie ein Spuk, aus Hirnen aufgetaucht.
Verfolgt, bohrt sie die Schiffe in den Grund,
Sie wird zum Wunder bald in aller Mund.

Sie nimmt sich nach dem Kampf auch noch die Zeit,
Setzt Boote aus und rettet hilfsbereit
Die, deren Schiff zur Tiefe hingerollt.
Der Feind bald selbst Bewunderung ihr zollt.
Man spricht von ihrer Mannschaft wie von Rittern.
Nur um ihr Ende aller Herzen zittern.

Nun sind es lange, stumme, stille Wochen.
Die Stunden kommen einförmig gekrochen.
Denn nun ist's tot hier draußen auf dem Meer.
Der "Emden" Wrack kreist auf dem Meergrund leer.
Die Geister kehrten heim aus hoher Luft,
Die immer noch den Namen "Emden" ruft.

Man sagt, sie ist im braven Kampf verbrannt.
Man sagt, sie hat sich selbst aufs Riff gerannt.
Man sagt, man sagt, und nichts sagt jedes Wort.
In deutschen Herzen lebt die "Emden" fort.
In uns kämpft sie noch immer ohn' Ermatten,
Erst mit uns stirbt der kleinen "Emden" Schatten.

(Brastagi, 11. Dezember 1914)

Daheim, wo die Schneeflocken fliegen

Daheim liegt jetzt Eis auf der Straße,
Die Krieger kauern im Schnee.
Hier steht die Rose im Grase
Wie tut ihre Schönheit mir weh.

Ich mag keine Rose hier sehen,
Daheim lauern Winter und Not.
Wie darf ich bei Rosen stillstehen?
Daheim blüht den Brüdern der Tod.

Daheim, wo die Schneeflocken fliegen,
Dorthin will ich schauen und warten.
Wenn meine Brüder dann siegen,
Wird mir die Seele zum Garten.

(Tandjong Morawa, Sumatra, 23. Dezember 1914)

Mein Weihnachten 1914

Wohin hat mich ein Traum gebracht?
Weihnachten nennt ihr diese Nacht!
Ölpalmen stehen aufgeschlagen
Wie Säulen, die die Sterne tragen.
Und Wärme kommt aus jedem Baum
Der Mond hängt blumenhaft im Raum.
Die Luft durchbebt von Blütengasen,
Mein Fuß geht hin auf weichem Rasen.
Und wie ein Geist, dem Schwere fehlt,
Bestaunt mein Herz die Tropenwelt.

Die Orchideen dunkel liegen,
Umkreist von blanken Feuerfliegen.
Ich taste hin durch diese Nacht,
Vom Heer der Grillen laut bewacht.
Ich suche, kann mich selbst nicht finden
In dieser Weihenacht, der linden.
Ein Laut aus weiter Stille kam.
Mir zittern plötzlich Trotz und Gram.
Es fiel dort hinterm letzten Sterne
Schlag oder Schuß aus klarer Ferne, –
Es krachte nur ein Palmenblatt,
Das morsch zur Erde stürzen tat.

Ich aber höre mehr und schaue
Auf Felder hin, verschneite, rauhe,
Auf weiße Wege, eisig glatt.
Der Mond, umraucht, scheint hier nur matt,
Und große schwarze Flecken breiten
Im Schneefeld sich, im himmelweiten.
Das Blut der Brüder heiß hier floß.
Ein Sterbender liegt mir im Schoß.
Er haucht: "Ich melde mich zur Stelle,
Herr Leutnant!" – Und Todeshelle
Tritt auf die Stirn. Sein Aug' erstarrt.
Sein Blick wird wie das Eisfeld hart.

Es ist nur Einer von den Tausend!
Mein Blut schlägt mir zur Schläfe brausend.

Ich fühl' die Weihenacht vollendet,
Da so voll Pflicht ein Deutscher endet.

(Tandjong Morawa, 24. Dezember 1914)

Silvester 1914

Neunzehnhundertvierzehn, hast ausgekämpft,
Sie nennen dich laut, mancher gedämpft.
Manchem drückst du die Kehle eng.
Blutiges Jahr, wie warst du so streng!

Kinder, die einst zur Schule gehn,
Werden dich groß im Geschichtsbuche sehn.
Greise, die nachmals die "Vierzehn" nennen,
Werden dich blitzenden Auges noch kennen.

Ward je ein Jahr in die Erde begraben,
Wie du, Jahr voll schwarzer, gemästeter Raben!
Lachte eines so herrlich den Kühnen,
Wie du, dem noch winters die Lorbeeren grünen!

Drückst der "Fünfzehn" den fressenden Brand
Wild zum Willkomm in die Jugendhand.
Salven krachen zum letzten Gruß.
Tod mäht weiter beim Jahresschluß.

(Am Toba-Meer, Sumatra, 31. Dezember 1914)

April 1915

Mutter Erde, deutsche Erde,
Gibst jetzt deinen Wäldern Kraft,
Machst, daß es jetzt Frühling werde.
Von den Birken tropft der Saft,
Alten Eichen springt die Rinde,
Und es blinkt der junge Trieb.
Unsere Feinde überwinde,
Deutscher Faust gib Trotz zum Hieb!

(Garoet, April 1915)

Das deutsche Herz

Es kämpfen nicht Waffen, nicht Pulver, nicht Erz,
Es kämpft das deutsche, das pflichtheiße Herz.

Es fliegt an die Grenzen, es schützt sich sein Land,
Es drängt sich zu opfern, es wurde zum Brand.
Wir wollen es segnen, besingen laut
Furchtlos dies Herz zur Zukunft schaut.
Dem deutschen Mann, dem deutschen Weib
Lebt um dies Herz kein banger Leib.
Eh' ihr nicht beiden das Herz entreißt,
Zertretet ihr niemals den deutschen Geist.

Es siegen nicht Waffen, nicht Pulver, nicht Erz,
Es siegt das deutsche, das pflichtheiße Herz.

Das deutsche Herz ist stolz gefeit,

Es ist der Zucht und Pflicht geweiht.
Und fällt ein Mann, sein Herz, es lebt,
Aus jedem Deutschen sich's neu erhebt.
Das deutsche Herz, der deutsche Geist,
Sie sind unsterblich zusammengeschweißt.
Sie sind die Frucht der deutschen Erd',
Sie sind geboren am deutschen Herd.

Es kämpfen nicht Waffen, nicht Pulver, nicht Erz,
Es kämpft das deutsche, das pflichtheiße Herz.

(Garoet, April 1915)

Die deutschen Frauen 1915

Sie sparen sich das Brot vom Munde
Und fügen gern sich in Geduld.
Und wächst die Sorge jede Stunde,
Sie ändern nicht den Blick der Huld.

Sie, die ihr Liebstes fern verloren,
Sie zeigen ihre Tränen nicht.
Sie wandeln nicht in schwarzen Floren,
Nur blasser wird ihr ernst Gesicht.

Sie stillen Blut der fremden Wunden
Und leugnen stumm die eignen fort.
Sie stehn bei fremden Sterbestunden
Und trösten sanft mit Tat und Wort.

Herr, sieh die Heldinnen! Und kröne
Mit Sieg mein Volk, dem solche Frauen,
Stark, wie im Feld die braven Söhne,
Voll Mut und Zucht zur Zukunft schauen.

(Garoet, April 1915)

Garten-Frühling 1915

Das erste Gras am Wege fragt
Die junge Frau im Gartenwind:
"Kaum daß mein Halm zu grünen wagt,
Weil deine Augen glanzlos sind.

Fühlst du denn nicht die Frühlingsnacht?
Spricht nicht der junge Mond zu dir?
Dein Mund nicht wie im Vorjahr lacht,
Da gingst du mit dem Liebsten hier.

Warum kommt er nicht her zur Bank
Und legt den treuen Arm um dich,
Wie immer, wenn die Sonne sank?
Du bleibst so ernst, – ich fürchte mich" . . .

(Garoet, April 1915)

Zu Hause

Zu Hause schmolz der Schnee vom Dach
Und munter sprudelt schon der Bach,
Er ward mit Leib und Seele wach.

Leicht hüpft er wie das Nachbarskind,
Und beide singen in den Wind.
– Ich weine mir die Augen blind.

Die Heimat, ach, o Wanderstab,
Die Heimat ich verloren hab.
– Die Fremde ist ein Grab.

(Garoet, April 1915)

In der Frühe am Altangeländer

In der Frühe am Altangeländer,
Ehe die Sonne noch aufgegangen

Und die gelbglitzernden Wolkenränder
An den rauchenden Bergketten hangen,

Frage ich stumm: Wann kommt das Wort "Friede",
Wie dort der Strahl aus dem Morgengrauen,
Dem Aug' zur Freude, dem Ohr zum Liede,
Und dem Blut zu neuem Vertrauen?

Frage: Wann lernt der Geist wieder fliegen
Leicht in Gedanken, sorglos im Hoffen,
Wie sich Vögel im Götterbaum wiegen,
Wie der Garten der Frühsonne offen?

Steine klappern mit lebhaftem Schalle,
Munter springt dort der Rappe zum Grasen,
Rollernd flattern Truthennen vom Stalle,
Freigelassen zum tauigen Rasen.

Drüben beim Nachbarn lernt laut ein Knabe
Aus dem Koran die tausendste Sure;
In den Palmen jagt krächzend ein Rabe
Und überschreit der Tauben Gegurre.

Frisch in das Weltall klingt lautes Leben,
Harmlos wachsend zur Höhe der Stunden.
Ich nur stehe beklommen daneben,
An die Frage: Wer siegt? stumm gebunden.

Es streiten wie Menschen die schwachen Blumen

Augen und Ohren zur Ferne lauschen,
Höre des Krieges Blutbäche rauschen,
Sehe rundum den Frühling aufgehen,
Eifriges Blühen im Kampf ums Bestehen.

Es streiten wie Menschen die schwachen Blumen
Um den Besitz ihrer Ackerkrumen.

(Garoet, 20. April 1915)

Vom großen Krieg ein Schatten

Ein Palmbaum, höher als ein Vogelschrei,
Stellt eine Fächerkrone rund und frei

Gleich wie ein Federspiel vor Wolken hin,
Die dort den Feuerberg wie Schnee umziehn.

Ein Schmetterling, stumm, trauerschwarz und groß,
Entstieg aus eines Mandelbaumes Schoß.
Er kommt zu mir herein ins offne Haus
Und füllt es wie mit dunkler Botschaft aus.

Mein Blick vor Palmen, Wolken und Vulkan
Wird innerlich, seh' ich den Falter an.
Vom großen Krieg ein Schatten mich umfliegt,
Vielleicht ein tapfrer Freund verwundet liegt.

Vielleicht von einem Schlachtfeld, grimmig rot,
Grüßt mich der düstre Schmetterling vom Tod.
Im Zucken seiner Flügel winkt ein Gruß
Von einer Seele, die sich trennen muß.

(Garoet, 23. April 1915)

Muß im Geist zu meinen Brüdern stehen

Immer gurren eingesperrte Tauben
Drüben in den Hütten der Javanen,
Aus den Käfigen an den Altanen.

Immer seh' ich über grünen Lauben
Der Javanenkinder Drachen fliegen,
Die sich wie papierne Vögel wiegen.

Immer rauscht's im Reisfeld von den Bächen,
Die da schläfrig vor der Türe sprechen,
Und ich möchte nur an Frieden glauben.

Immer muß ich mir den Frieden rauben,
Muß im Geist zu meinen Brüdern stehen,
Die mit Bajonett und Kugel mähen.

(Garoet, April 1915)

Bei den Falkland-Inseln

Die Sonne wollte nicht untergehen,
Die hohe, sie wollte heut Helden sehen.

Es kämpft das Geschwader des Grafen Spee, –
Granaten brummen und krachen und heulen.
Und aufrecht stehen des Salzwassers Säulen,
Weiß ragt der Gischt aus runder See.
Die Treffer schlagen wie eiserne Keulen
Ins Admiralschiff, das neigt sich nach Lee.

Die Sonne wollte nicht untergehen,
Die hohe, sie wollte heut Helden sehen.

Noch einmal die deutsche Flagge blinkt,
Und alle Mann stramm an den Geschützen,
Und alle schwenken mit Hurra die Mützen.
Der Graf auf der Brücke den Söhnen winkt,
Die, wie im Sieg einst, im Tod ihn stützen.
Sein Schiff, es feuert noch, als es sinkt,
Schon halb unterm Wasser die Mündungen blitzen,
Schon halb unterm Wasser der Ruf noch erklingt:
"Hoch Deutschland, Deutschland; Gott, magst es schützen!"

O Sonne, konntest stolz untergehen,
Hast als Helden der See Jung-Deutschland gesehen!

(Garoet, 29. April 1915)

Wann wird es Friede?

Die Vöglein, die aus den Bäumen dort locken,
Die fragte ich jüngst: "Wann wird es Friede?
Wie lange muß mir mein Herzblut noch stocken?
Jetzt komme ich nur zur Liebsten im Liede.

Ach, Vöglein, sagt es mir armem Verbannten,
Wie lang' muß ich hier die Stunden noch dehnen?
Ach, Liebste, ich gleiche jetzt einem Entmannten,
Ich koste nie Liebe, erleide nur Sehnen.

Sagt, mich zu trösten, darf ich bald reisen?
Schickt, wenn der Friede nahe, der klare,
Winkende Schmetterlinge, die weisen,
Schickt sie, daß ich's als Hoffnung erfahre!"

Bald nach der Frage sah ich mit Staunen,
Wie um das Laub weiße Falter erschienen.

Sind sie der Landschaft spielende Launen?
Oder wollen als Zeichen sie dienen?

(Garoet, 30. April 1915)

Schlachtfeldkreuze

Seht dort die Reihen Kreuze stehen,
Gleich einem Pilgerzug zu sehen
Am Himmelsrand ohn' Ende.

Seht um die Kreuze Primeln blühen,
Die Gräber frohen Mutes glühen
Und lächeln im Gelände.

Die Toten aus den Feldern winken:
"Laßt nicht den Mut zum Kampfe sinken!
Wir reichen euch die Hände."

(Garoet, April 1915)

Ich trage die Fremde als Stein im Genick

Es springen Ziegen am Straßenrand,
Und Bauern, die Reisbündel in der Hand,
Ziehn unter Mandelbäumen hin.
Der Tag hat sonnigen Arbeitssinn.

Es hocken Verkäuferinnen am Weg
Mit Käufern, versunken in Handelsgespräch.
Und Bambus schattet mit hohem Strauß,
Und Käfige schaukeln am Strohmattenhaus,
Und Kinder Spielen am Treppenstein.
Vom nahen Reisfeld glänzt Spiegelschein
Des Wassers, das um die Reisähre steht.
Und eine Kokospalme weht

Und winkt ins blaue Licht hinaus.
Sie alle sind warm und wohl zu Haus.
Nur ich schau' zu mit fremdem Blick
Und trage die Fremde als Stein im Genick.

(Garoet, 16. Mai 1915)

Es kämpft der deutschen Erde Geist

Es kämpfen nicht nur Mann gen Mann
Zu Fuß und hoch zu Pferde,
Die Sonne es dir sagen kann:
Es kämpft der Geist der Erde.

Ich saß zur Ruh' bei einem Baum,
Der hielt die Luft umschlungen,
Die Sonne kam zum Blättersaum
Und hat mir's zugesungen.

Zu meinen Füßen glänzte Gras
Blank wie der Pferde Mähnen,
Es war vom scharfen Tau noch naß
Wie ein Gesicht voll Tränen.

Es kämpft der deutschen Erde Geist,
Er will die Völker führen,
Viel Blut aus tausend Wunden schweißt,
Der Grashalm muß es spüren.

Sah dann im jungen Morgenblau
Hell eine Taube fliegen,
Ihr Lichtbild spiegelte im Tau.
Heiliger Geist, hilf siegen!

(Garoet, 17. Mai 1915)

Es regnet Tränen

Ein großer Regen hastig fällt.
Es regnet Tränen. Es weinen
Die Toten meiner Heimatwelt,
Die sich um mich vereinen.

Es gischt der Regen, und es schallt,
Und fliegende Blitze scheinen,
Und Donnergehämmer im Berg verhallt,
Der Regen springt zu den Steinen.

O großer Regen, o stehe still.
Halt ein, o großes Weinen!
Der Tob das große Leben will,
Und nie die beiden sich einen.

(Garoet, 18. Mai 1915)

Des Krieges tolle Flamme weht

War doch, solang' die Erde steht,
Den Menschen nie die Zeit so heiß.
Des Krieges tolle Flamme weht,
Der Tag ist rot, der Tag war weiß.

War doch, solang' die Erde grünt,
Kein Kampf so männerstolz im Gang,
Kein Dichter hat sich je erkühnt,
Zu träumen solchen Eisensang.

War doch, solang' die Erde denkt,
Kein Tod so sehr voll Lebensbrand.
Kein Mann hat je solch Macht verschenkt,
Wie der heut fällt fürs Vaterland.

(Garoet, 26. Mai 1915)

Ein wolkenschwerer enger Tag

Ein wolkenschwerer enger Tag,
Wie ich ihn in der Heimat mag,
Liegt über Reisfeld und Vulkan.
Der Morgen sieht sich dunkel an.

Und der Mimosenbäume Zeile
Windstill am Wege. Und ich teile
Den Ernst der Straße, die gebleicht
Wunschlos in graue Fernen reicht.

Und lautlos, wie nur Vögel fliehen,
Javanen durch die Felder ziehen.
Sie eilen wie Gedanken fort
Und grüßen nur mit Flüsterwort.

Lautlos zu sein, ist ihr Behagen.
So still; man hört die Wolken fragen:
Wo will der Weg der Menschen hin?
Wunschlosigkeit gibt frommen Sinn.

(Garoet, 13. Mai 1915)

Urwaldfahrt

Das Auto rattert laut bergan,
Und Bambus dunkelt mir die Straße.
Ein Hähnlein kaum noch fliehen kann.
Ein Kopf guckt aus dem Strohgelasse,
Der Sundanese staunt uns an.

Im Reisfeldwasser Frauen stehn,
Und junge Brüste fromm sich runden.
Die Mütter nur ihr Kindlein sehn,
Im Liebesurwald nackt gefunden.
Es kommen Dörfer und vergehn.

Der Wagen, lautlos, sinkt zum Tal.
Im Abgrund rollt mit schroffem Gruße
Hin durch der roten Erde Saal
Der Leib von einem Urwaldflusse.
Der Weg zum Tode ist hier schmal.

Der Wagen überholt den Schaum,
Der rund um Lavablöcke flutet.
Knapp streift er hin am Felsensaum.
Manchmal die Hupe heulend tutet,
Dann hallt der Täler grüner Raum.

Das Urwaldkraut das Stahltier kennt,
Das donnernd kommt und, schnell verschwunden,
Laut rasselnd um die Hänge rennt,
Und das die Eile hier erfunden,
Wo Ruhe nie die Eile nennt.

Die Blüten vom Trompetenstrauch,
Baumfarren, alle, sie erschrecken,
Kommt knatternd der metallne Bauch
Des Tieres durch die Teestrauchstrecken
Zum Baumvolk, schwälend Gift und Rauch.

Die Urwaldblöcke nie begreifen das Ziel.
Sie wissen nichts von Menschenlaunen.
Bei steifer Blätter altem Spiel,
Bei alten Sprüchen, die sie raunen,
Ist ihnen Eile viel zu viel.
Die Urwaldseele schläft auf Daunen.

Die Sehnsucht ruft

Der Kokospalmen Federblätter in dem Wind,
Die sträuben sich. Die Mandelbäume rauschend sind.
Und Pisangschäfte schaukeln sich erregt,
Die Lauben alle sind schreckhaft bewegt.

Ich sehe über das Geländer weit hinaus
Von meinem Altan in dem offnen Haus.
Der Wind, gleich einem Boten, tritt heran,
Ich höre Worte, die er wecken kann.

Es spricht dort aus den Lauben, laut und leis,
Gar mancher, den ich bei den Toten weiß.
Es ruft vom großen Wolkenhintergrunde
Die Sehnsucht, und es braust der Bäume Runde.
Und sitze ich so lauschend vor dem All,
So spricht die Welt mit meinem eignen Munde.
Der eine ist des andern Widerhall.

(Garoet, 1. Juni 1915)

Wie lange noch?

O Krieg, wie lange willst du noch
Des Tages wüster König sein?
Die Sonne ward vor dir längst klein,
Der Himmel niedrig, der einst hoch.

O Krieg, nährt dich doch nicht genug
Das reiche arme Menschenblut,
Der Männer eisigblinder Mut,
Der Toten ungezählter Zug?

O Krieg, wie lange lauschst du schon
Dem Schrei der Wunden, die du schlägst?
Die Stirn ist schlaflos, die du trägst,
Und nur aus Trümmern ragt dein Tun.

Krieg, deiner Krone roter Schein
Bringt vielen ein unsterblich Glück!

Auf Helden siehst du starr zurück,
Und Namen hallt dein Herz aus Stein.

O Krieg, dein wahnhaft Heldentum
Läßt wenig Lebenslicht entstehn,
Die Völker blutleer untergehn,
Die sich berauscht an deinem Ruhm.

Mein Leid rückt nicht von seiner Stell'

Da draußen liegt der Sonnenschein,
Drückt er denn nicht die Blätter tot?
Mich zwingt er nur zum Traurigsein,
Mir spricht er nur von Krieg und Not.

Da draußen ewig Himmelsblau.
Doch mir wird längst kein Tag mehr hell.
Um mich ist's stündlich kummergrau,
Mein Leid rückt nicht von seiner Stell'.

Man hungert meine Heimat aus,
Man tötet deutsches junges Blut
Und hält mich fern von Weib und Haus.
Wer krankt da nicht an stiller Wut?

(Garoet, Juni 1915)

Gestern und heute

Ach, gestern schossen sie hier voll Wut.
Die Bäume stehen bespritzt mit Blut.

Was tun sie heute? Was tun sie dort?
Sie gehen im Gras umher ohne Wort,
Den Helm im Nacken, sie stehen gebückt,
Soldat bei Soldat heut Blumen pflückt.

Heut grub man den töpferen Toten das Grab,
Heut senkt man sie blumengeschmückt hinab.
Nicht eine Hand heut ans Töten denkt.
Sie sind ins Blumenpflücken versenkt.

Der Fluß geht vor sichte voll, nicht hart,
Und Wiesenhalme umwehen den Bart.

Sie pflücken alle. Sanft pflückt die Hand,
Die gestern nur Zeit zum Töten fand.

Und bald vielleicht liegt still und Starr
Dieselbe Hand in der Blumenschar.

(Garoet 1915)

Wie ich mich schäme

Wie ich mich schäme, wenn ich mich labe,
Daß ich täglich mein Essen habe.
Wie ich mich schäme des Bettes, der Kissen,
Und meine Brüder im Schneefeld zu wissen,
Die da im Laufgraben brechen ihr Brot,
Zur Seite den kältesten Freund – den Tod.

Wie ich mich schäme der tatlosen Hände,
Die ich nur falten kann täglich ohn' Ende,
Den Himmel droben um Segen zu flehen,
Segen für sie, die im Feuer heut stehen,
Schäme mich meiner Atemlust,
Schäm' mich im Schlafe noch unbewußt.

Schäme mich blind vor den Sonnentagen,
Die da glänzen, nicht Kummer tragen,
Sehn' mich nach Nebel, nach grauem Regen,
Darin die Tage sich trauernd bewegen.
Schäme mich stündlich und trage Gram,
Bald erstick ich an dieser Scham.

(Garoet 1915)

Qual

Wie Berge einsam bin ich. Möchte klagen.
Muß täglich, stündlich in die Leere fragen.
Reisvöglein hat es gut dort im Geäst,
Das ab und zu fliegt zu der Brut im Nest.

Der Leute Schritte in der Bäume Schatten,
Die vor dem Haus hinwandern ohn' Ermatten,
Sie wissen still und stet ihr täglich Ziel.
Doch Ungewißheit treibt mit mir ihr Spiel.

Die Hahnenschreie, die vom Zaun herschallen,
Hell heimatlich im Ohr mir widerhallen.
Ein Rechen vor der Tür scharrt hin und her, –
Einfachste Laute, von Erinnerung schwer.

Doch Krieg verhüllt mit grauer Luft die Ferne.
Vergeblich such' ich nach der Heimat Sterne.
Kein Frieden zieht mir in die bange Brust.
Nie hat mein Blut von solcher Qual gewußt.

(Garoet, 1915)

Schwere Wolken ziehen hin

Wage kaum zu atmen mehr,
Rundum geht der Tod einher,
Viele Schwellen bleiben leer.

Viele Augen schlossen sich,
Jedes ward ein dunkler Strich,
Als das Lächeln bleich entwich.

Schwere Wolken ziehen hin,
Mancher dort ich ähnlich bin,
Hängen ernste Schatten drin.

(Garoet, 1915)

O Brust, gäbst du den Atem her!

O Brust, gäbst du den Atem her,
Du hebst doch nicht das bange Meer,
Darauf sich schwer mein Heimweh wiegt.

Zu Hause sind die Städte leer,
Und viele deckt die Erde schwer.
Die Jugend gibt ihr Blut und siegt.

Die Luft voll toter Helden fliegt.
O Brust, ich weiß es bald nicht mehr,
Ob Deutschland noch auf Erden liegt.

(Garoet 1915)

Kann ich's je verwinden...

Wollt' so gern es tragen,
Wollte nicht verzagen,
Was es mir auch bringt.

Könnt' ich euch nur nützen,
Könnt' ich euch nur schützen,
Euch, die ihr dort ringt.

Ach, so fern ich lebe!
Gar nichts ich euch gebe
Als der Treue Gut.

Und ihr dort zu Hause
Steht im Stahlgebrause.
Opfert Kraft und Blut.

Sieg schlägt euch zu Rittern!
Muß ich nicht erbittern,
Weil ich nicht dabei?

Kann ich's je verwinden
Wenn wir je uns finden?
Nie schweigt mir der Schrei.

(Garoet, 3. Februar 1916)

Schulden der Menschheit

Und kämen die Dichter wieder
Die je auf Erden gesungen,
Zu bringen heut neue Lieder
In allen den Völkerzungen, –
Sie hätten nicht genug Töne,
Zu singen vom Mut der Heere,
Der dem Tod geweihten Söhne,
Die fielen im Feld der Ehre.

Schlug man die Wälder auf Erden
Daß Ehrentempel und Hallen
Den Heeren der Helden werben,
Die vor den Feinden gefallen, –
Das Holz, das würde nicht reichen
Ein würdiges Haus zu richten,

Nicht alle Wälder der Eichen.
Nicht alle Wälder der Fichten.

Was können wir opfern ihnen
Die frisch ihr Blut hingegeben?
Zum Dank, den diese verdienen,
Dazu reicht nicht unser Leben.
Die Menschheit hat es geduldet.
Kann sie den Dank jemals zahlen?
Die Menschheit bleibt tief verschuldet
Dem letzten Mann, der gefallen.

(Malang, 23. Sept. 1916)

Die Vögel vom Niemandsland

"Wir sind die Vögel vom Niemandsland".
Ich ging am Meer, das lag da frei.
Da jagten Vogelscharen vorbei,
Und deutlich ich ihren Schrei verstand.

"Wir sind die Vögel vom Niemandsland.
Die Erde dort ist vom Tode blind.
Dort lebt kein Haus und lebt kein Gesind.
Wir lernten fressen aus Leichenhand.

Wir sind die Vögel vom Niemandsland,
Wo Wolken Eisen wild niedergehn.
Wo rund sich die Lüfte brüllend drehn,
Im Granatenloch das Nest uns stand.

Wir sind die Vögel vom Niemandsland.
Wo nur Männer sterben, Männer blühn,
Wo des Nachts noch die Geschosse glühn,
Aufflogen wir im Raketenbrand.

Wir sind die Vögel vom Niemandsland.
Dort ist der Tod der Tageslohn,
Singt die Kanone dem Leben Hohn.
Wir löschen den Durst beim Blut im Sand.

Wir sind die Vögel vom Niemandsland
Kein Baumzweig hat uns jemals gewiegt

Weil jeder Baum dort in Splittern liegt.
Wir fanden nur Schutz im Unterstand.

Wir sind die Vögel vom Niemandsland,
Wir sangen dem Manne am Brustwall zu,
Doch mehr als Lieder gab Helden Ruh
Die singende Kugel am Grabenrand.

Wir sind die Vögel vom Niemandsland.
Dort bei des Trommelfeuers Gedröhn,
Dort singt es sich gar so wunderschön,
Der Sterbende dankt, uns zugewandt.

Der Krieg weicht nicht, bis den Mann man fand,
Den Mann, vor dem den Zärtlingen graut."
Verschwindend riefen die Vögel laut:
"Wir suchen den Herrn vom Niemandsland."
(Malang, 16. November 1916)

Ruf

(Aufruf an die Deutschen auf Java, der Heimat zu helfen)

Wir sitzen hier in der Sonne, die wir nie missen.
Wir sitzen hier vor gefüllten Schüsseln und Schalen.
Wir, die wir am Leibe hier nichts vom Kriege wissen,
Nichts von der Todeskälte und den Hungersqualen.

Daheim ist kaum Wolle zu haben und kaum Essen.
Der Säugling schon lernt den lähmenden Hunger kennen.
Ihr sollt die zu Hause keinen Tag hier vergessen.
Wenn sie auch nicht laut und dringend ihr Leiden nennen.

Kartoffeln und Brot werden ihnen knapp bemessen.
Wenig Fleisch wird in Grammen sparsam zugewogen.
Sie bekommen ein Ei in der Woche zu essen.
Fett und Zucker sind allen so gut wie entzogen.

Die Frauen müssen in Stunden und Stunden warten,
Aufgestellt auf dem Pflaster vor den Ladentüren,
In der Hand die Brot-, Milch- und Kartoffelkarten
Und dürfen nicht Ungeduld und nicht Kälte spüren.

Wie wird das Mehl vorsichtig verteilt aus dem Spinde.
Mancher Magen hat lange kein Fleisch mehr gesehen.

Und manche Mutter hungert und gibt ihrem Kinde,
Und sie muß tags am eisernen Schraubstocke stehen.

Seit Monaten hat sich keiner mehr satt gegessen.
Was nützt den Reichen das goldene Geld im Kasten!
Noch im Schlaf wird der Krieg nicht vom Hunger

vergessen.
Beide, Reiche und Arme, fürs Vaterland fasten.

Darum sollt ihr geben und geben und noch geben,
Ihr Deutschen hier draußen. Denn nicht mit Blut und Nöten
Habt ihr zu kämpfen um jede Stunde im Leben.
Helft Frauen und Kindern daheim, die Not zu töten!
Es kämpfen dort nicht nur Männer im Schützengraben.
Frauen, Kinder bekämpfen den Hunger, den kalten.
Deutsche, hört! Zögert nicht mit eures Geldes Gaben.
Pflicht ist jetzt: Durchhalten mit ihnen, die aushalten!

Gebt ihr viel, so ist das Viel noch wenig. Bedenket:
Was geben Deutschland jene, die den Hunger geben!
Ist dagegen nicht wenig, das was ihr hier schenket?
Die zu Haus hungern, halten die Heimat am Leben.
(Soerobaya, Dezember 1916)

Sind je die Zeiten trauriger gewesen?

Sind je die Zeiten trauriger gewesen?
Die Menschheit hat die Brüderschaft vergessen.

Die Stundenreihen in dem Haß versinken.
Die Erde muß mehr Blut als Regen trinken.

Im Westen dort, das ist nicht Abendglut, –
Die Erde bricht zum Himmel aus das Blut.

(3. März 1917)

Kriegsklage an unsere Feinde

Kann nicht mehr fluchen. Ich muß trauern und schweigen,
Da sich die Völker endlos belauern, endlos die Zähne zeigen.
Muß sie bedauern. Die Träne will still steigen.

Ohne Nutzen wühlen in Wut die Nie-Satten,
Lassen das Eisen nicht kühlen, nie ermatten.
Tot ist all ihr Fühlen. Es rasen nur Schatten.

Hassende sind sie, die geistlos weitertöten.
Gegenwart wird verhallen, Zukunft erröten.
Sie lallen sinnlos, haben Vernunft vonnöten.

Ihr Götze lacht, der Neid, den Ohnmacht geboren.
Sie haben für Lust und Leid den Sinn verloren,
Abgestumpft vom Streit, dem Hunger vor den Toren.

Der Erde wachsen Sorgen wie Leichenhaufen.
Alle wollen das Morgen im Blut ersaufen.
Doch vom Tod ist nichts zu borgen, nichts zu kaufen.

(Tosari 1917)

Geduld

Ach, Tag und Nacht der gleiche Drang
Nach deutscher Luft und deutschem Klang.
Und immer klafft des Krieges Kluft,
Darüber hin das Heimweh ruft.

Vier Jahre quäle ich mich hier,
Die Sonne kommt tags kaum zu mir.
Es ist ein fremdes, wildes Licht,
Und auch kein Baum von Deutschland spricht.

Mein Leib lebt hingejagt und Scheu.
Der Geist ratlos, der Heimat treu,
Gibt meinem Blut schmerzlich Gewicht,
Und stets: "Geduld, Geduld" er spricht.

Geduld, – ein Strohhalm ist dies Wort.
Dran klammern wir uns fort und fort.
Wenn einen die Geduld jetzt ließ,
Das Heimweh ihn in Stücke riß.

(Tosari, 28. Februar 1918)

Lieder der Trennung

Nymphäen

Im Wasser vor mir rosa, weiß und lila stehen
Auf starren Stengeln Scharen von Nymphäen.
Die Blüten still und regungslos zum Morgenhimmel sehen,
Doch unter ihnen ihre Spiegelbilder sich zuckend drehen.

Von dir getrennt muß ich durch diesen Tropengarten gehen,

Stumm, nur im Blut bewegt sich mein Gesicht,
Wie tief im Teich der Blumen Spiegellicht.

Dämmerfeier

Ihr alten Tamarindenstämme mit Kronendach, das wie ein
schwarzer Schleier,
Zu euch komm' ich nun Abend hinter Abend gewandert durch den
Staub
Und übe Dämmerfeier.

Das enge Blut, das trübe, klopft mir ein wenig freier,
Seh' ich euch stark und streng zum Himmel hingestellt
Auf festen, zähen Wurzelfüßen in diese schwanke Welt.

Den Abend mag ich gern bei euch begrüßen
Und seine goldne Farbenleier.
Euch alten erdentsprungenen Recken seh' ich willig zu.
Ihr ladet Unruh' ein zur Ruh'.

(Makassar, 29. August 1914)

Einsamkeit

O, oft am Tag
Muß ich die Hand
Ans Herz rasch legen.
Auf stillen Wegen
Trifft ein Stein
Die Brust.
Mir wird bewußt:
Ich bin allein,
Weit von der Liebsten
Und vom deutschen Sonnenschein.

Im Zwielicht

Im Zwielicht lagern Kähne auf der Meeresfläche.
Von dünnen Masten springt ein schmales Licht.
Gleich Widerschein im Wasser, leben mir Gespräche,
Zu denen meine Augen ein Gesicht sich weben.
Bleib! Bleib! Du sollst in schweren Nächten mich >umgeben.

(Makassar, 29. August 1914)

Die Luft des einen muß die Not des andern stillen

Es spielen keck spiegelnde Fische in morgendlicher Flut.
Sie schnellen auf zur Luft im Übermut.
Nach ihnen schweben stumm zwei Möwen,
Getrieben von des Hungers Willen.
Die Lust des einen muß die Not des andern stillen.

(Soembawa, 2. September 1914)

O Herz, noch eine Weile halt aus

Mein Herz, wird sie noch reichen, die Kraft,
Die in dir schafft?

Das Haar will mir schon bleichen.
O Herz, noch eine Weile halt aus!
Bald glänzt das Ziel,
Dann deine Sorgen teile.
Zwei Herzen tragen viel.

(Soembawa, 2. September 1914)

Bali-Tempel

Im alten Tempelhof, der grau ist und verlassen,
Da blühn allein vielarmig Frangipanibäume
Und halten ihre Blüten hoch, die weltentrückten, blassen,
Und opfern ihre scharfen Düfte, ihre ganz verzückten,
Den grimmen Götterbildern, die da, Stein bei Stein, sich selbst bese-
hen,
Im alten leeren Hofe dort im Schatten stehen und verwildern.

(Bali, 6. September 1914)

Ich fuhr die lange Straße im Staub dahin

Ich fuhr die lange Straße im Staub dahin,
Sah hundert mal hundert Leute vorüberziehn.

Die in Staub und Sorgen gehen, wann sind selig die?
Ich glaube, sie wandern und sterben, und wenn sie nicht liebten,
Lachten sie selig – nie.

(Lombock, September 1914)

Verbannt

Großtropfiger Regen, der auf die Erde schlägt,
Unter dir stehen im Donner die Bäume rauschend bewegt.
Blitz und Donner und Regen, wie lebt ihr glücklich und frei!
Erhört und erfüllt doch eines Gefangenen Sehnsuchtsschrei!

(Medan, September 1914)

Zur Heimat fort

Ich sitze in einem großen Baum,
Weit greifen die Äste zum Himmelsraum.
So klammern sich meine Gedanken ins Leere
Zur Heimat fort über luftige Meere.

Der Wind nur belebt grüner Blätter Schar,
Und er bewegt am Haupt mein Haar.

Mein Blut, das erstarrte, horcht aufgetaut,
Es sucht im Wind einen Heimatlaut.

(Lima Poeloe, Oktober 1914)

Ach, wie lange muß ich warten

In dem Gartengange,
Um die funkelroten Blüten
Der Hibiskushecken
Flattern Falter aus Verstecken,
Die sich froh im Liebesdrange
Spielend fangen und sich necken.
Ach, wie lange
Muß ich andere glücklich sehen

Und muß warten!
Darf, der Wolke gleich,
Im besonnten Garten
Nur als Schatten gehen. –
Wie die Wolke bleich.

(Lima Poeloe, 23. Oktober 1914)

Muß uns auch die halbe Erde trennen

Wie der zähe Gummisaft aus jenen Bäumen,
Die die Pflanzung bis zum Urwaldrande säumen,
Quillt aus mir ein jähes Sehnsuchtsträumen.

Muß uns auch die halbe Erde trennen,
Sie, um die im Kreise meine Stunden rennen,
Muß ich immer meiner Seele Seele nennen.

(Lima Poeloe, 24. Oktober 1914)

Mir kommt ein Grauen an vor dem Leben

Mir kommt ein Grauen an vor dem Leben.
Es kann uns Ruhe unter den Füßen
Und vor die Augen sonnige Landschaft geben.
Aber im Herzen hallt es von Vernichtungsschüssen,
Toben Krieg und Verwüstung,
Wagt die Seele den Todessprung.

(Lima Poeloe, 24. Oktober 1914)

Die Nacht kommt geschlichen

Blaue Wolken in langen Strichen
Auf gelblichem Grunde.
Es ist Dämmerstunde,
Die Nacht kommt geschlichen.
Wieder ist ein Tag ohne dich entwichen
Und ließ mir im Herzen die Wunde.

(Lima Poeloe, 11. November 1914)

Ach, daheim der Mondstrahl überm Flieder

Gerne möchte ich die Hände falten
Und die Wege gehen, die erinnerungsalten,
Möchte meine Heimatnächte wiedersehen.

Ach, nun singt die Amsel bei der Röte
Schmaler Abendwolken im Holunder,
Hier im Reisfeld gurgelt die Posaunenkröte,
Und zum Himmel spreizt sich Palmenplunder.

Ach, daheim der Mondstrahl überm Flieder!
– Hörst du nicht der Gartentüre Klinke?. –
Liebste, steig die hellen Stufen nieder,
Und ich steh' im Hohlweg unten, winke.

Und wir wandern um das kleine Haus,
Sitzen unterm alten Apfelbaume.
Und der Nachtigall geht die Lust nicht aus,
Und der Mond, er krönt uns in dem ewigen Raume.

(Garoet, Java, 28. März 1915)

Mondmusikanten

Mit Flöte und der Violin'
Javanen, zwei, die Landstraß' ziehn.
Sie feiern so die helle Nacht.
Musik am grauen Weg erwacht.

Hörst nicht der nackten Füße Schritt, –
Hörst nur Musik. Sie schreitet mit.
Musik als Dritter ist Gesell.
Sie folgt den beiden wie ein Quell.

Musik geht vor den beiden her.
Sie wissen bald von sich nichts mehr.
Musik zieht ihre Seelen fort,
Und zu Musik wird Zeit und Ort.

(Garoet, April 1915)

Laßt die Vögel nisten um euer Haus

Es huschen dort Vogelschatten im Laub,
Ach, Vöglein sind nicht für Klagen taub.

Die kleinen versteckten Sänger im Grün
Sind fröhliche Seelen, die sich bemühn,
Das Herz, das sich quält, mit des Himmels Ruf
Zu locken zum Lichte, das uns schuf.

Sie singen, entzückt von Liebe, sich zu.
Sie geben dem gramvollen Horcher Ruh'.
Er segnet die Sänger. Und Freude und Glück,
Die lang' ihn gemieden, sie kehren zurück.

Laßt die Vögel nisten um euer Haus,
Es schlüpfen aus kleinstem Ei Glückslieder aus.

(Garoet, 28. April 1915)

Nacht vor dem Haus

Dort in der rauschenden Nacht, schlafender Mandelbaum,
Meine Lampe bescheint dich streichend im finsteren Raum.

Heute am Tage, da spielten Schmetterlinge bei dir,
letzt in der Nacht da stehst du, ach, so verlassen still hier.

Dir kehrt die Freundin, die Sonne, morgen zurück ins Geäst,
Morgen, da feiert ihr wieder begeistertes Blütenlustfest.

Doch ach, zu mir Verlassenem kommen die Stunden nur leer,
Licht ward zur Dornenkrone, täglich drückt sie mich mehr.

(Garoet, April 1915)

Da fand ich mein Herz

Ich ging und ließ die Sonne versinken,
Ließ die Wolken in lila Tinten blinken,
Ließ das Feuer der Schnitter im Strohfeld winken,
Ließ alles Leben in Nacht ertrinken.

Ich ging und ließ der Gedanken Saaten,
Ließ die Nähe schwinden und ihre Taten,
Die Stunden, die mir den Weg vertraten,
Ich ließ sie alle, und ob sie auch baten.

Ich ließ die Leere und ließ den Schaum.
Ich ließ die Zeiten und ließ den Raum.

Ich ließ des Daseins endlosen Saum.
Da fand ich mein Herz. Ich erkannte es kaum.

(Garoet, 1. Mai 1915)

Es hockte im Morgen der Hirte am Bach

Es hockte im Morgen der Hirte am Bach,
Die Ziegen gingen den Kräutern nach,
Er hielt ins Wasser die Fingerspitzen
Und ließ sich von kreiselnder Welle bespritzen.

Es grasten am Uferrain Stier und Ruh,
Die Holzglocken pochten leis ab und zu.
Das Bachwasser rauschte frisch ohne Ermatten
Und rannte durch blaue und grüne Schatten.

Es sprach zum Herzen des Grases Duft,
Der Wolken Türme, gebaut aus Luft.
Und wunschlos betrat ich die schwindelnden Gassen, –
Einen Augenblick ward ich bei Gott eingelassen.

(Garoet, 2. Mai 1915)

Die Wolke, die im Blau hinschleicht

Die Wolke, die im Blau hinschleicht,
So fern, so fern dein Haus erreicht.

Der Wind, der an die Mauer schlägt,
So fern, so fern dein Haar bewegt.

Die Erde, die uns Mutter ist,
So fern dich von mir grüßt.

(Garoet, 2. Mai 1915)

Die Sehnsuchtgedanken

Am Hügel schlummert der Klapperbaum
Und das Lalanggras an des Weges Saum.
Der Halbmond wacht im Himmelsraum.

Die Sehnsuchtgedanken sind mein Geleit.
Ihr Atem ist warm. Ihr Weg war weit.
Sie kommen von dir über Urbusch und Meer.
Sie trinken mein Blut. Sie trennen sich schwer.

(Garoet 1915)

Die Sonne sank...

Es wird so dunkel, und mir wird so bang.
Die Trennung von der Liebsten ist so lang.
Ich zittre, liege still und atme kaum, –
Ein Blitz fiel geisternd durch den Himmelsraum.

Ich bin so schreckhaft wie ein Wild im Wald.
Die Sonne sank; und kehrt sie wieder bald,
So hab' ich nur das eine stets gedacht:
Fern von der Liebsten ist es ewig Nacht.

(Garoet 1915)

Die Sorge

Nur die Sorge mir übrig blieb.
Nun habe ich bald die Sorge lieb.

Die Sorge redet ernst und schlicht,
Die Sorge wie eine Mutter spricht.

Bist du mit der Sorge auf du und du,
Dann siehst du der Wahrheit des Lebens zu.

Liebst du mich, Gott, dann Sorge gib.
Die Sorge macht uns das Leben lieb.

(Garoet 1915)

Und sitze ich so lauschend vor dem All ...

Der Kokospalmen Federblätter in dem Wind,
Sie sträuben sich. Die Mandelbäume rauschend sind.
Und Pisangschäfte schaukeln sich erregt,
Die Lauben alle sind schreckhaft bewegt.

Ich sehe über das Geländer weit hinaus
Von meinem Altan in dem offenen Haus.
Der Wind, gleich einem Boten, tritt heran.
Ich höre Worte, die er wecken kann.

Es spricht dort aus den Lauben, laut und leis,
Gar mancher, den ich bei den Toten weiß.
Es ruft vom großen Wolkenhintergrunde

Die Sehnsucht, und es braust der Bäume Runde.
Und sitze ich so lauschend vor dem All,
So spricht die Welt mit meinem eignen Munde.
Der Eine ist des ändern Wiederhall.

(Garoet, 1. Juni 1915)

Gezähmt soll sein der Sehnsucht Roß

Steigt frisch der Morgen auf mein Dach,
Dann rufen mich die Sorgen wach.
Sie schreien: geh der Arbeit nach!

Ich leg die Hände nicht zum Schoß,
Ach , meine Arbeit ist so groß:
Gezähmt soll sein der Sehnsucht Roß.

Unbändig hält es niemals Schritt.
Der Zügel mir die Faust zerschnitt.
Noch keiner solche Wildheit ritt.

(Garoet, Juni 1915)

Bettler bin ich bei fremden Landen und Leuten

Und nun lege ich Messer und Gabel nieder,
Komme von einem Zimmer zum andern ,
Sitze immer neben der Leere wieder,
Und von Leere zu Leere muß ich tagsüber wandern.

Heimat und Liebste, die den Reichtum bedeuten,
Suche ich nachts noch auf dem Kissen, dem leeren.
Bettler bin ich bei fremden Landen und Leuten.
Heimat und Liebste, keiner kann sie entbehren.

(Garoet, Juli 1915)

Der Baum am Hügelrand

Du Baum, allein am Hügelrand,
Dein Einsamsein ist mir verwandt.
Du siehst wie ich den Tagen nach,
Und ruhlos rauscht dein Blätterdach.

O Wolken, Wind, o, Abendland,
Wie seid ihr Schweigenden mir verwandtl

Ein Blitz springt übers dunkle Kraut, –
Die Ewigkeit hat uns angeschaut.

Das Leben, – ein feuriger Augenblick!
Und Sehnsucht und Sehnsucht ist unser Geschick.

(Garoet 1915)

O, ich habe gebetet...

O, ich habe gebetet unter dem nächtlichen Baum,
O, ich habe gebettelt um eine Gnade nur.
O, ich fragte beim Reichtum der Sterne im Raum.
Götter, lenket das Glück auf meine Spur!
Ging und wurde schweigend wortlos entlassen.
Ging und schwieg vor mich hin in den leeren Gassen.

(Garoet 1915)

Gebet

Allmachtgott, du naher,
Seit ich zu dir halte,
Wird mein Kummer leichter,
Glatt die Sorgenfalte.

Gott der hellen Höhe,
Gott der klaren Tiefe,
Selig machst du alle.
Daß dich jeder riefe!

Bist die Lebensruhe
An der wilden Straße.
Bist die Lebenswelle
In der toten Masse.

Bin dir voll ergeben.
Glücklich macht dein Wille.
Dein Wunsch ist mir Freude,
Gott der Lebensfülle.

(Garoet, 2. August1915)

Ein Jahr

Ein Jahr ist die Erde um die Sonne gegangen
Und trug mit sich meines armen Herzens Verlangen,

Der Wind kam oft die Bäume zu umfangen,
Nur ich hin mit leeren Armen heimgegangen.

Meine Schritte gehen still, die einst froh erklangen,
Ein Jahr ist, ohne daß ich es lebte, vergangen.

(Garoet 1915)

Die Bäume, die lieben

Ach, die Stunden, die langen!
Die Sonne ist untergegangen
Die dunklen Bäume, die lieben ,
Die sind stehen geblieben.
Sie wiegen sich bei mir die ganze Nacht,
Wir fliegen dem Mond zu, der sich aufgemacht.

Ach, die Bäume, die lieben,
Wenn sie rauschend die Blätter verschieben,
Rufen sie Gedachtes in die Räume.
Aber ihre Schattenspiele sind ihre Träume.
Sie sind nicht wie die ändern.
Im Stillstehen können sie wandern.
Aber da wir einer Erde Kinder sind,
Sprechen die Bäume, die lieben,
Nicht nur in den Wind.
Es ist nicht übertrieben:
Ihre Worte sind oft in mir hängen geblieben.

(Garoet 1915)

Was soll ich in dem fremden Land?

Was soll ich in dem fremden Land?
Noch keinen Tag ich rein an Freude fand.

Was soll ich bei den fremden Frauen,
Die mich erstaunt weither anschauen.

Was soll ich ohne Heimaterde hier?
Gequält klagt still mein Ohr im Wortgewirr.

Ich wünsche, stand' ich doch an alter Schwelle!
Nur Heimat gibt dem Mannesgeist die Helle.

(Garoet 1915)

Bin wie ein Kranker

Der blaue Himmel und der Sonnenschein,
Sie stiegen nicht mit mir ins Schiff hinein.
Beim Regen bin ich einsam hier gelandet.
Im Meere schlug mein Herz noch weit – jetzt liegt es hier versandet.

Der Regen fällt und füllt mit Trübnis die Gedanken,
Sie schwimmen grau vorbei wie tote Hüllen.
Ihr Mut starb hin, da sie in Gram versanken.
Die Wünsche töten, die sich nicht erfüllen.

Bin wie ein Kranker, den die Nacht bedrängt,
Bin wie der Mond, der blaß im Raume hängt.
Darf ich mein Blut nicht bald an Liebe stillen
Sterb ich an meiner Wünsche letztem Willen.

(Garoet 1915)

Ich dulde stumm

Die Welt um mich ist ein Krankenzimmer
Mit geschlossenen Läden im Zwielichtschimmer.
Ich möchte nur leise Schritte machen,
Meine Augen schmerzen vor nächtlichem Wachen.
Meine Brust ist von Sorgen eng umbunden,
Inwendig bluten mir stechende Wunden.
Ich kann noch kein Ende der Krankheit sehen.
Werd ich je froh auf den Füßen stehen?
Das Fieber des Krieges, Heimweh und Sehnen, ---
Ich dulde stumm mit verbissenen Zähnen.

(Garoet 1915)

Und der Wind hat sich aufgemacht

Und der Wind hat sich aufgemacht
Er durchwühlt die Bäume in der Nacht,
Kommt dahergerannt groß entfacht,

Und es wankt der Boden unterm Wind.
Möglich auch, daß es meine Sorgen sind.
Ach, ich ward von langem Heimweh blind.

(Garoet, 24. August 1915)

O Heimat!

Mit Sehnsucht schau ich nach Westen gewandt,
Es stirbt mein Seufzen im fremden Land /
Wie eine Welle verläuft im Sand.

Kein Weg, o Heimat, führt zu dir!
Nur deine Sprache lebt bei mir.
Sonst aber bin ich toteinsam hier.

(Garoet 1915)

Nächte

Es klagt ein Hund dort hinter der Mauer.
Nachts liegen noch Nächte auf der Lauer.

Kein Licht die Dunkelheit vertreibt.
Nacht auch am Tag auf Erden bleibt.

(Garoet 1915)

Stille

Im Haus ist's still. Ein Vogel lacht.
Im Garten sehn sich die Rosen um.
Ihr Blick die Stille leichter macht.

Ich horche auf den Donner hin,
Auf einer Wolke dumpf Gebrumm;
– Wie ich mir unerklärlich bin!

(Garoet 1915)

An den Tjikorai

Du Berg, der hin zum Äther zieht,
Des Gipfel über die Zeiten sieht,
Du Ewiger, der nicht altern kann,
Die Jahre reichen nicht an dich heran.
Und die Jahrhunderte du kaum fühlst,

Wenn du die Stirn im Weltraum kühlst.
Du lebtest, als der erste Mann
Das erste Frauenherz sich gewann.
Du lebst noch, wenn einst das letzte Paar
Hinstirbt im letzten Menschenjahr.

Wie wichtig sind mir doch meine Sorgen.
Wie wichtig das Gestern, Heute und Morgen.
Du lehrst weit über die Tage zu schauen,
Du lehrst, dem Ewigen zu vertrauen.

(Garoet 1915)

Unter dem großen Waringienbaum

Unter dem großen Waringienbaum,
Der da trägt den nächtlichen Raum,
Sitze ich bei den bloßen Sternen
Wie unter kleinen blauen Laternen,
Die ihre Gedanken haben, still,
Über das, was ein jeder will.

In der lampenhellen Moschee
Stehen die Säulen, gebaut wie aus Schnee,
Nicht weit von des Baumes finsternden Zweigen.
Der Vorbeter singt über die Rücken, die sich dort neigen.

Es ruft ein Vogel im Waringiengeäste.
Vielleicht will er warnen aus seinem Neste,
Daß mir nicht wünschen, was unerfüllbar ist,
Will, daß der Beter sich selbst vergißt.

Mir ist, als sei ich bei meinen Vätern,
Wenn ich da lausche bei Sternen und Betern.
Schweigend komm' ich Abend für Abend zum Baum
Als sei auf der Welt für mich sonst kein Raum!

(Garoet 1915)

Vor Sonnenaufgang

Bewegte Welt der Berge
Auf Wolken hingebaut!
Das Frühlicht, das erregte,

Nur schmal zum Tale schaut,
Darin die Nacht noch blaut.

Die Wolkenschar zuerst erwacht.
Der Himmel klingt von Geistern laut,
Und ihre Stimme durch die Täler lacht,
Die jedem Klumpen Berg das Herz auftaut.

(Garoet 1915)

Der welkende Kapokbaum

Vor dem Fensterrahmen, in der Leere des Himmelsraumes,
Steht draußen die dünne Krone eines Kapokbaumes.

Das Stämmlein hält seine wagrechten Zweige von sich wie Spros-
sen,
Seine Blätter gilben und winken; sie haben ihr Leben genossen.

Sie wollen sterben und scheiden – und andern Raum geben an
den Zweigen.
Sie sind meinen Hoffnungen gleich, die täglich enttäuscht vom
Himmel zur Erde steigen.

(Garoet, 5. September 1915)

Nacht um Nacht

Und Nacht um Nacht der Wind hinrauscht,
Und Nacht um Nacht mein Ohr hinlauscht.
Und immer die gleichen Sterne ziehn,
Und immer dieselben Stunden fliehn.
Und immer nagt in mir derselbe Gram,
Und keine Nacht ich weiterkam.

(Garoet, 5. September 1915)

Der Schrei der Abendstunde

Wo ist mein Abendfriede?
Vernichtend naht die Nacht.
Ich suche nach einem Liede.

Ich suche nach deinen Händen,
Nach Gedanken, die du gedacht,
Die Stille stockt an den Wänden.

Ein Schrei liegt mir im Munde,
Ich habe ihn lange bewacht,
Den Schrei der Abendstunde.

(Garoet, 18. September 1915)

Der Schlaf kommt nur als Maske über mein Gesicht

Der Schlaf kommt nur als Maske über mein Gesicht,
Darunter wallt mein Blutstrom, der heimwehfiebrig

spricht.

Er bringt mir in dem Traum den liebsten Leib.
Ich finde heim im Wahn zu meinem Weib,
Bis daß des Schlafes Maske spröd wie Gips zerbricht.
Und wieder stier' ich taumelnd ins leere Tageslicht.

(Garoet, 18. September 1915)

Der Himmel ward der Erde gleich

Nun wird es wieder abendstill,
Der Wind noch einmal atmen will.
Er biegt die Bäume hin und her.
Die Sonne schwand. Die Luft ist leer.

Nur gelbe Wolken strahlen leicht.
Die Baumwelt dunkelt und verbleicht.
Die Wolken glänzen um das Haus, --
Sie ziehn den Blick mir weit hinaus.

Ich schaue hin von meinem Tisch.
Der Wind verzischt. Die Luft wird frisch.
Die Wolken wandelt tiefes Rot.
Das Haus versinkt – und mir wächst Not.

Der Himmel ward der Erde gleich:
Ein großes totes Dunkelreich.
Und ich allein mit meinem Blut
Und in mir all der Wolken Glut.

Die Nacht mir um die Schultern hängt.
Die Nacht mich nicht so sehr bedrängt
Wie Ruf um Ruf, den ich erstickt
Im Blut, das in die Leere blickt.

(Garoet, 21. September 1915)

Der Vollmond

Der Vollmond macht die Nacht so weit,
Die Bäume wachsen dunkel breit,
Und durch die Blätter springt Gefunkel.

Wie eine reiche goldne Last
Hängt er dort blendend auf dem Ast,
Sein Gleißen hell verschwendend.

Schutzspendend glänzt er wie ein Schild,
Der Ruhe und der Wilde Bild
Auf himmlischem Gefilde.

(Garoet, 23. September 1915)

Berge hochgewölbter Wolken

Berge hochgewölbter Wolken standen aufgebaut.
War, als fänden sich im Himmel weiße Wälder,
Von der Ewigkeit gebleicht und umblaut.
Und mein Auge hat sie froh erreicht.
Meine Füße wandern durch der Erde Felder,
Aber meine Seele gern der Welt entweicht.

(Garoet, 23. September 1915)

Stummer Tag

Stummer Tag legt stumm sich nieder,
Morgen kehrt er stumm dann wieder.
Tage haben zähe Glieder.

In dem schmalen Licht vom Morgen
Stehen schon die stummen Sorgen,
Weint die Sonne noch verborgen.

Ach, es dorren diese Hände,
Wenn ich so ohn' Ende, Ende
Nur die stummen Blätter wende.

(Garoet, 10. Oktober 1915)

Nacht

Aufmerksam an der Wegecke ein Laternenlicht sich dreht,
Mutterseelenallein ein warmer Wind über die Straße geht,

Eine weiße Hauswand leuchtend in der Nacht steht.
Unruhig ein Palmenschatten am Wegrand weht.

Meine Augen schreiben auf die Wand ein Gebet,
Ein Gebet meines leeren Armes, der nach der Liebsten fleht,

(Garoet, 10. November 1915)

Der junge Götterbaum

Ein junger Götterbaum hat heut zum Gruß entboten.
Die eben aufgeschlossenen Tulpenblüten, die Scharlachroten.

Und liege ich zur heißen Stunde auf dem Bett,
Dünkt mich, er hält die Blumen hin aufs Fensterbrett.
Der Baum steht stammend auf der Straße
Mit seiner großen Blüten Scharlachmasse.

Der Glückliche, der hell der Liebe Leben zeigt,
Das ihm durch das Geäder seiner Äste steigt.

(Garoet, 11. November 1915)

Es sind nicht leere Lüfte

Jetzt rührt der Morgenwind die Bäume an.
Sie wiegen sich. Sie flüstern, winken dann,
Und leichthin jeder Baum dort lächeln kann.

Sie deuten auf den Himmel, wo der Geist
Der Güte mit der großen Sonne kreist
Und jedes Blatt das helle Leben preist.

Die Zweige wiegen sich so flink und leicht.
Ein jeder Baum dem Himmel Hände reicht.
Des Baumes Seele der des Menschen gleicht.

Die Seele ist die Summe unsrer Kraft,
Die sich im Augenblick zusammenrafft
Und neue Ewigkeiten in uns schafft.

Der Geist der Ewigkeiten baut im Raum,
Der Geist wirkt auch im Menschen und im Baum.
Dein Körper wird so leicht, du spürst ihn kaum.

Es sind nicht leere Lüfte die dort weht.
Es sind nicht tote Zweige, die sich drehn.
Du kannst die Weltallseele wachsen sehn.

(Garoet, 6. Dezember 1915)

Dezembernacht

Die Dezembernacht geht warm ins Land,
Wetterleuchten flackt in stummer Ferne.
Und die dunkelglatte Himmelswand,
Überblinkt von Stichen starker Sterne.

Dort das gelbe Lämplein leuchtet kaum
Klein am Boden einer armen Klause.
Offen steht die Tür in Nacht und Raum.
Einer betet halblaut in dem Hause.

Manchesmal ein Menschenschatten liegt
Vor mir lang im grauen Sand der Straße.
Manchmal fällt mich an ein Duft und fliegt
Aus der Bäume hoher Kronenmasse.

Und ich ahne, dort im Dunkel lebt
Vieles, das verborgen sich geboren,
Davon Freude süß vorüberschwebt.
Und die Nacht lacht leis zu meinen Ohren,

(Garoet, 7, Dezember 1915)

Längst zu Bergen wuchs die Zeit

O der Abend, o die Dunkelheit!
Sehnsucht macht sich breit!
Tragen soll ich Nacht um Nacht
Diese schwere Ewigkeit.

Längst zu Bergen wuchs die Zeit,
Die mein Warten hingebracht.
Längst verging die Wirklichkeit
Und ich lebe wie der Raum leer und weit.
Ab und zu mein Ich erwacht
Und sieht fragend zur Vergangenheit,
Fragend auf den Berg der Zeit.

(Garoet 1915)

Mein Ohr horcht hin auf jeden Schritt

Die Bäume laut im Dunkeln rauschen,
Der Wind nimmt mich zur Ferne mit.
Ich muß noch nachts der Sehnsucht lauschen,
Mein Ohr horcht hin auf jeden Schritt.

Der Sehnsucht ist es nie genug.
Die Bäume reden schnell im Winde.
Und Schmerzen, die ich täglich trug,
Ich nachts noch spät am Wege finde.

(Garoet 1915)

Ich sah in dem Morgen

Ich sah in dem Morgen den Hirten am Bach,
Seine Ziegen gingen den Kräutern nach,
Er hielt ins Wasser die Fingerspitzen
Und ließ sich von kreiselnder Welle bespritzen.

Ich ging vorbei an Stier und Ruh,
Ihre Holzglocken pochten sacht ab und zu.
Das Bachwasser rauschte fort ohne Ermatten
Und rannte durch blaue und grüne Schatten.

Es sprach mich an des Graswassers Duft,
Es sprachen die Sommerwolken der Luft,
Ich sah in ihre blendenden Gassen –
Einen Augenblick ward ich bei Gott eingelassen.

(Garoet, 1915)

Die Frage

Ein Licht brennt auf dem Tische
Die lange, lange Nacht.
Und in der Fensternische
Steht bleich ein Weib und wacht.

Sie wandert mit den Blicken
Nie müd' am Himmel hin.
Die Himmelslichter nicken,
Die langsam weiterziehn.

Kehrt er zurück? Die Frage
Stellt sie still Nacht um Nacht.
Sie wartet ohne Klage.
Sie wartet und sie wacht.

Die Tage sind ein wirrer Wahn

Durch die dunkeln Blätter des Baumes
Sieht mich eine gelbe Abendwolke an.

Die leichten Blätter winken im Wind,
Sie, die des Baumes glückliche Familie sind.

Wann kommt die goldne Wolke zu mir heran?
Nicht mal wie ein Baum ich froh sein kann.

Die Tage sind ein wirrer Wahn,
Wirr, ohne die Gnade des Traumes.

(Garoet, 1915)

Wolken

Steh in die Wolken, sie bilden
Gesichter verbannter Zeit.
Die Wolken, die weißen, die milden,
Wandern wie Heimweh so weit.

Wolken, mit euch, muß ich fliehen.
Die Wolken hält keiner fest.
Solange Wolken noch ziehen,
Mein Heimweh nicht von mir läßt.

(1916)

Wann liegt alle Not fern in Gedanken?

Ach, im Hügelland am alten Main,
In dem Rebenland in frohen Franken
Möchte ich mit beiden Füßen sein,
Nicht nur mit den sehnenden Gedanken.

Manches gute Lied singt man am "Stein",
Manchen guten Tropfen wir dort tranken,
Warum muß das Gute fern jetzt sein?
Ach, die Liedertage, sie versanken.

In den Guttenberger Wald hinein
Liegt mein Dach im ewigjungen Franken,
Träte gern zur grünen Pforte ein,
Greifend nach zwei Händen, lieben, schlanken.

Ach, sie geht im Garten dort allein,
Drinnen sich Erinnerungen ranken.
Wann steht wieder zwischen uns der Wein?
Wann liegt alle Not fern in Gedanken?

(Malang, 1916)

In der Frühe

Große weiße Malvenblüten, frischbetaute,
Sah ich in der Frühe, da das Taglicht graute,
In dem Garten, und es schliefen noch die Laute.

Jede runde Blüte leuchtete und brachte
Hellen Schmelz dem Himmel, der erwachte,
Als das Gartentunkel noch der Nacht gedachte.

In der Ferne stand ein blauer Berg gehoben,
Lange Wolken sich am freien Gipfel schoben,
Und vom Lichte lag dort dünne Spur gewoben.

Und ich dachte: Blüten, Berg und Licht, sie wissen,
Daß sie heut am hellen Tage nichts vermissen,
Und nur ich, nur ich bin heimatlos, zerrissen.

(9. September 1916)

Trockenzeit

Die Äcker platzen dürr. Die Luft weht ohne Würzen,
Die Bäche längst nicht mehr sich überstürzen;
Der Staub wächst auf den trockenheißen Wegen,
Die Wurzeln krümmen sich im Durst nach Regen.
Das Farrenkraut vergilbt. Der Berg steht wolkenleer.

Am hellen blauen Himmel glüht das pralle Licht.
Doch wie mein Herz, so lechzt der arme Staub noch nicht.

(6. Oktober 1916)

Weiße Haare

Jetzt funkeln mir im dunkeln Haar
Schon weißer Haare Spitzen.
Es ist, als ob Erinnerungen blitzen
Von dem, was einmal war.

Und immer mehr wird ihre helle Schar.
Ich seh' mich bald mit weißem Haare sitzen.
Das Leben dringt dann nur noch durch die Ritzen.
Stumm lausche ich, verschneit, dem letzten Lebensjahr.

(Malang, Oktober 1916)

Ein Aufschrei

Ein Aufschrei steckt in meiner Brust,
Es schreit aus mir die Heimwehlust.
Und wie ein Sterbender sich streckt,
Mein Geist sich nach der Heimat reckt.
Er will nichts sehn, nichts hören mehr,
Die Fremde ist ihm menschenleer.
Die fremden Worte sind ihm Last,
Die fremde Luft mein Atem hasst.
Gefangenschaft macht grau mein Haar.
O Leben, das mich einst gebar,
Las mich zur Heimat! Hör' den Schrei.
Allmacht des Lebens, mach' mich frei.

(Malang, 23. Oktober 1916)

Durchdringend heftig ruft die Grille,

Nächtlich im Garten leidenschaftlich singend.
Im Hintergrund der Bäume volle Stille,
Und Äste, hochgereckt wie mit dem Festem ringend.

Und jemand sitzt im Gartengrund versteckt.
Und jemand presst die Hände fest zum Mund,
Vom schrillen Grillenrufe aufgeweckt,
Mit einem harten Heimwehschrei im Schlund.

(Malang, 26. Oktober 1916)

O, ein Schluck Heimatfrische!

O, ein Schluck Heimatfrische! O, ein Schluck kühle Luft!
Ich sehne mich fort vom Gemische
Aus Schwüle und giftigem Duft.

O, etwas Winterdunkel! O, eine Flocke Schnee!
Das immergrüne Gefunkel
Der Palme tut mir weh.

O, ein Paar Augen, stahlblaue,
Eine Strähne goldblondes Haar,
Darauf ich mein Glück erbaue.

(Malang, 28. Oktober 1916)

Allerseelen 1916

Ich sehne mich nach tiefer Ruh'!
Kein Frieden mehr im Atmen ist.
Deckt mich mit stiller Erde zu!
Damit mein Heimweh mich vergißt!

Deckt mich mit stiller Erde zu,
Die wilde Leere stößt mich fort.
Ich sehne mich nach tiefer Ruh'
Und nach dem neuen Heimatort.

Der tote Baum

Ein Vogel klagt, ich sehe auf.
Welk steht der Baum vor meiner Türe.
Ich sehe an dem Baum hinauf,
Aus jedem Zweig den Tod ich spüre.

Die Blätter, die sonst hochgestellt,
Von grünem Lichte frisch erhellt,
Die Blätter hängen grau herab.
Es steigt der große Baum ins Grab.

Als mir der Vogel ihn gezeigt,
Flog er dann fort im Wolkenmeere.
Ich habe still den Kopf geneigt.
Rund um mich wächst die Totenleere.

(Malang, 12. November 1916)

Ich bin so weit von dir...

Die Regenwolken rauschen
Ich bin so weit, so weit von dir ..
Muß zu den Wolken lauschen,
Sie sprechen laut mit mir.

Sie und das Reisekissen,
Das deine Hand für mich genäht,
Sie fragen, ich soll's wissen,
Wann's wieder heimwärts geht.

Im Kissen meine Tränen,
Die trocknen, ach, so schwer, so schwer.
Die Luft ist voller Sehnen,
Die Hände bleiben leer.

Wie sind die Sekunden still und groß ...

Wie sind die Sekunden still und groß,
Und jede zeigt mir mein Heimweh bloß,

Und gefangen rief ich den Berg dort an,
Der sich über Wolken hochheben kann,

Und gefangen rief ich zum Meere hin,
Unendlich dehnt sich sein freier Sinn.

Und gefangen ich es der Sonne klag',
Die wandert zur Heimat jeden Tag.

Wie sind die Sekunden still und groß,
Und jede zeigt mir mein Heimweh bloß.

Der graue Geist

Der Morgen leuchtet voll Vertrauen,
Die Höhen friedlich sich beschauen.
Dort auf dem Bergkamm
Auf dem frischbetauten Rasen
Drei blanke Kühe ernst geruhsam grasen,
Stehn aufgerichtet kühn,
Am Abgrund ragen sie vermessen.
Die Wolken an der Wälder Spitzen fressen,
Im Nebeldunst verwandelt sich das Grün.
Der Nebel schließt des Grundes schroffe Kluft.

Es wandert durch den Morgen stillen Mundes
Der graue Geist, der heißt: "Vergessen".

(Tosari, 1. März 1917)

Vom fernen Bergdorf tönt ein Gamelang

Und es durchgeistigt nun der Mond die Nacht.
Vom fernen Bergdorf tönt ein Gamelang.
Der Luftzug hat die Laute hergebracht,
Leicht mit dem Winde stirbt der leise Klang.

Die Welt im Mond ist nur ein blasser Traum,
Farblos wie die Gedanken im Gehirn.
Doch hat im Mondschein noch so manches Raum,
Was nicht erdacht wird von dem Menschenhirn.

Die Dinge gaben her den bunten Schein,
Der Körper schwand, nur grüner Schatten blieb.
Die Blumen werden ähnlich einem Stein,
Der Geist allein ist nur dem Monde lieb.

Die Blüte duftet stärker als am Tag,
Und mehr als sie hat jetzt der Duft Gestalt.
Der Mond von Taten nicht mehr sprechen mag,
Die Sehnsucht aber wird im Mond Gewalt.

(8. März 1917)

Mich ruft dein Bild ...

Mich ruft dein Bild in meiner Brust,
Es kommt zu mir und weint.
Im Leide fühl' ich mich bewußt
Und eng mit dir vereint.

Im Leide treffen wir uns still,
Da trennt nicht Land noch Meer.
Dein Schmerz, der bei mir weinen will,
Er findet zu mir her.

Das Leid, es ist ein fester Ort
Für unser Stelldichein.
Dort kommst du zu mir ohne Wort,
Bin nie im Leid allein.

(Tosari, 9. März 1917)

Aussicht

Dieses ist die Aussicht, die der Tag gegeben:
Ein Blick auf Festigkeit, geruhiges Leben.

Zypressenstämme, graue, totenstill.
Der Kleeteppich kein Blättchen rühren will.

Die Berge, schwergemauert im Flachland.
Die Meeresbucht gezirkelt an den Strand.

Bergdörfer, drei, hoch zu den Wolken lauschen,
Und Schluchtwasser mit tiefem Brustton rauschen.

Die Meilen sind nun mein vom glatten Meer,
Die Berge kamen zu mir klein daher.

Ich atmete die blanken Fernen ein,
Der Schall der rauhen Schluchten wurde mein.

Der Bäume Kraft, des Klees Feuchte ruht
Mir jetzt wie junges Blut im alten Blut.

Mir ist, ich trage Glück in allen Taschen,
Die Aussicht hat mir meinen Geist gewaschen.

(Tosari, 11. März 1917)

Ach ...

Ach, könnte jetzt die Abendruhe dich bei mir fühlen,
Ich würde glühen in der Bergluft, der kühlen.
Drei Jahre sind jetzt gegangen seit der Trennungsstunde,
Drei Jahre rührte keine Lippe an meinem Munde.
Die Einsamkeit hielt mich friedlos und lieblos gefangen,
Seit deine Worte nicht mehr zu meinen Ohren drangen,
Wie die Wälder im Festem muß ich im Schweigen harren,

Muß wie körperlos nur auf meine Gedanken starren.
Wie manchmal ein Klang kommt aus fernem nächtlichen Orte,

Kommt Erinnerung und weckt längst verschollene Worte.
Dann brennen Tropfen in meinen Augen, die mich blenden, –

Der Himmel hat tausend Wege und will keinen senden.

(Tosari, 13. März 1917)

Jede Stunde "sterben" heißt

Es fehlt mir der Liebsten Luft,
Es fehlt mir ihr heiliger Geist.;
Der Tag ist mir eine Gruft,
Jede Stunde "sterben" heißt.

Es fehlt mir der Liebsten Kraft,
Es fehlt mir der Liebsten Glut.
Mein Sinn nur Halbes schafft,
Nur Halbes wagt noch mein Mut.

Die Schwalbe

Da draußen über der Nebelweite
Schwebt der Ardjoeno in blauer Breite.
Der Abendhimmel mit gelbrotem Schein
Fliegt als Goldfasan übers Berggestein.
Und vor meiner Tür überm Gartenstrauch
Sticht die Schwalbe durch den Abendrauch.

O Schwalbe, grüße der Seelen Seele ,
Für die ich mein Leben dem Tod abstehle!

(Tosari, 7. Juli 1917)

Ein heiliger Gruß

Ich danke dir, du edler Abendgeist.
Dein letztes Licht mich heute glücklich preist.
Ein heiliger Gruß kam mir im Tag gereist
Von ihr, die ferne, süße Liebe heißt.

Ein dunkelblauer Berg im Westen schwebt.
Breit in die Ewigkeit er sich erhebt
Zum Abendfunken, der im Äther bebt.
Der Berg ist wie die Brust , die sehnend lebt.

Am Fenster lehne ich und danke dir,
Dein Geist kam segnend heute her zu mir,
Geliebte. Wie das Fenster vor dem Abend hier,
So warten wir, so warten beide wir.

Nun wird es wieder abendstill

Nun wird es wieder abendstill.
Der Wind noch einmal atmen will.
Er biegt die Bäume hin und her.
Die Sonne schwand. Die Luft ist leer.

Und gelbe Wolken strahlen leicht.
Die Baumwelt dunkelt und verbleicht.
Die Wolken glänzen um das Haus.
Sie ziehn den Blick mir weit hinaus.

Ich schaue hin von meinem Tisch.
Der Wind verzischt, die Luft wird frisch.
Die Wolken wandelt tiefes Rot.
Das Haus versinkt, und mir wächst Not

Der Himmel wird der Erde gleich –
Ein großes totes Dunkelreich.
Und ich allein mit meinem Blut
Und in mir all der Wolken Glut.

Die Nacht mir um die Schultern hängt,
Die Nacht mich nicht so sehr bedrängt
Als Ruf um Ruf, den ich erstickt
Im Blut, das in die Leere blickt.

Kein Ende

Drei Jahre sind gegangen!
So viele Schläge, als mein Herz tat,
Seit ich hier gefangen,
So viele Schreie ich zertrat,
Die voll Schmerz aufsprangen, –
Und kein Ende naht.

Mir fiebert das Heimweh

Den Gärten entströmen die Blütensäuren,
Die Blumen und Grillen ihre Liebe beteuern,

Es schwellen die Sterne wie silberne Früchte,
Es wachsen wie Qualen die heißen Süchte.

Mir fiebert das Heimweh, ich kann's nicht mehr tragen,
Ich möchte den Sprung zum Tode wagen.

Täglich kämpft mein Geist mit Riesen

Klanglos ging der Tag zur Nacht
An den Rand der grauen Erde.
Und der Wolken schwere Herde
Raucht wie Trümmer einer Schlacht.

Täglich kämpft mein Geist mit Riesen,
Heimweh heißt die stumme Macht.
Und der Kampf schweigt nicht zur Nacht,
Schläft der Wind auch auf den Wiesen.

(Tosari, 9. September 1917)

Der Berg Kawi

Dort im östlichen Abendschein, der pfaublau,
Liegt ein gewaltiger Berg, genannt die "liegende Frau".
Die Frau ruht ausgestreckt, den Kopf seitlich gewandt.
Wenn die Himmelsgrenze abends braunrot verbrennt,
Sagt mein Blut, daß es die "liegende Frau" erkennt,
Die Wangenrundung, die volle Hüfte und Brust,
Die Sehnsucht zeichnet mir dann deutlich der Sehnsucht

Lust.

Es ist kein toter Berg, es ist mein atmend Weib,
Dort liegt es und wartet mit ergebenem Leib.
Die in der Sehnsucht warten, wachsen zu Riesen.
Ach, meine Schultern längst an die Sterne stießen.

(4. Oktober 1917)

Ich kann auf keine Mädchen sehn ...

Ich kann auf keine Mädchen sehn als nur auf Eine.
Die volle Welt scheint leer zu stehn,
Muß ich für mich die Straße gehn alleine.

Ich finde keine Rede klug als nur die deine.
Denn was ich stotternd in mir trug,
Zwingt schon im Flug ein Blick von dir ins Reine.

Ich finde keine Wege gut und ohne Steine,
Nur den mich drängt die eine Glut,
Daß mein Mund auf dem deinen ruht
Und dein Blut wird das meine.

(Tosari, 6. November 1917)

Manche Frau...

Manche Frau hat dein Lachen.
Manche deiner Haare Glanz.
Manche kann mich fast fröhlich machen,
Aber keiner gelingt es ganz.

Keine verdrängt deinen warmen Blick,
Keine verdrängt deine wortlose Nähe.
Keine ist meines Lebens Geschick. –
Meine Liebe zu dir bleibt treu und zähe.

(Tosari, 13. November 1917)

Sind es Gedanken von dir?

Die Nacht steht totenstill beim Haus,
Das Dunkel lockt dunkle Fragen heraus.
Sind es Gedanken von dir, die fragen,
Gedanken, die mir ihr Herzleid klagen?
Wie eine Pupille, so Schwarz und rund,
Steht das Dunkel vor mir der nächtlichen Stund.
(Tosari, 16. Dezember 1917

Erinnerung

Du warst wie Gräser im Morgen,
Verschleiert von Tun und Dampf.
Ich liebte dich ohne Sorgen,
Ich liebte dich ohne Kampf.

Warst frisch wie Früchte im Garten,
Dein Schritt, er schwebte wie Laub.

Du konntest demütig warten,
Hieltest dich still zu dem Staub.

Wie Dunkelheit sanft war dein Nahen,
Wenn du die Lippen entblößt.
Wenn wir uns fragend ansahen,
Hast du die Sehnsucht erlöst.

Nächte sind flüsternd verflossen,
Die Nächte wurden dann stumm.
Das Heimweh ist zu mir gestoßen,
Das Heimweh geht in mir um.

Wer hat das Heimweh geboren?
Hab's nicht gesucht, nicht erdacht.
Es sitzt versteckt vor den Toren,
Schnellt wie ein Schrei durch die Nacht.

Mittaglied eines Gefangenen

Um einen Büschel deutsches Gras zu sehen,
Möcht' ich mir beide Füße wundrot gehen.
Nach einem Atemzug der derben deutschen Luft
Mein schmachtend Blut mit allen seinen Tropfen ruft.
Und ein Stück Schwarzbrot von dem deutschen Acker-

grunde!

Ein deutscher Quellentrunk dem dürren Munde!
Und von dem trauten Weibe einen treuen Kuß!
Wie bin ich elend, daß ich immer wünschen muß.

(Tosari, 9. 3anuar 1918)

Die Wolken warten ohne Flucht

Die Wolken warten ohne Flucht,
Der Wasserfall zischt aus der Schlucht.
Grasblüten zittern im Morgenhauch.
Gedanken, wie der blaue Rauch,
Sie eilen hin zum Meeresrand.

Der Sehnende lebt ohne Land,
Wie die Wolke im Leeren hängt,
Wie der Wasserfall eingezwängt.

Er bebt empfindlich wie zartes Gras.
Und wie der Meeresspiegel blaß,
Sucht ruhlos atmend er die Ruh'.
Sein Lächeln deckt Abgründe zu.

(Tosari, 23. März 1918)

Wie sind die langen Stunden leer...

Wie sind die langen Stunden leer!
Nie kommt von dir ein Echo her.
Nie haben sich mehr unsre Hände gefunden.
Die Brust ist mir drinnen zerschürft und zerschunden.

Die Tage kommen und sterben fort
Lieblos und ohne dein stärkend Wort.
Warum ich noch lebe? Ich leb' vom Erwarten,
Wie die Bäume im Winter, die halbtot erstarrten.

(Tosari, 30. Mai 1918)

Verlernt hab' ich die Minne

Mir ist, ich liege schlafen
Im Traum, der ohne Ende.
Im Leid ring' ich die Hände,
Mein Meer hat keinen Hafen.

Mir ist, es hat verloren
Das Leben mich am Wege.
Kein Lachen wird mehr rege.
Ich bin wie totgeboren.

Mir ist, – werd' ich heimkehren,
Dann ich mich still besinne:
Verlernt hab' ich die Minne.
Wirst du sie neu mir lehren?

(Tosari, 24. Juni 1918)

Der Baum am Erdensaum

Oft mein Geist im Leben klagte,
Wenn kein Licht im Herzen tagte,
Und er nicht zu lachen wagte,
Und er fragte: Wozu dieses stete Streben,

Wozu dieser Tage Traum,
Wozu alles Lebens Schaum?

Gehe zu dem Baum, sagte endlich eine Stimme in dem Baum,
Zu dem Baum, der da steht am Erdensaum,
Und aus dem die Weisheit weht.

Und ich ließ die Heimat, ließ mein Weib, mein Haus,
Und ich zog der Stimme folgend
Über Meere aus.

Hinter mir indes kam die Welt in Brand.
Jeder Weg im Feuerschein aufstand,
Und auf jedem Wege sich die Flamme wand.
Kein Weg ließ mich wieder in mein Land.

Doch am langen Weg nirgends jenen Baum ich fand,
Der am Berge steht und aus dem die Weisheit weht.
Suchte ihn am Erdenrand, suchte ab den ganzen Erdenraum
Nach dem Baum.

Und ich fluchte dem Geschick, fluchte jeden Tag dem Brand,

Der mir wehrte heimzukehren, der mit roter Flammenhand
Trocken alle Meere kehrte.
Wüsten wurden alle frische Meere.
Und ich stand im Sand und in toter Leere.

Müde legte ich mich nieder auf den nächsten Berg,
Wo kein Atemzug sich regte.
Lange lag ich auf dem Stein
Totenstill und ganz allein.

Sagte mir: will mich niemals mehr von hier erheben,
Will entsagen allem Leben.

Und mein Geist zum Geiste klagte:
Will hier liegen, bis mein inneres Auge sich gelichtet.
Bis sich jener Baum aufrichtet
Und mein Blick die Weisheit sichtet.

Und ein Regen fiel auf meinen Leib,
Und der Sturm erbrauste auf den Wegen,
Und der Feuerwurm der Blitze sauste unter hellem Fegen
Mir in meines Auge halbgewchloßne Ritze.

Sehend ward ich durch des Feuers Hitze.
Weiß nicht mehr, wie lang' ich dort gelegen
Auf der harten Bergesspitze.
Wolken flogen rund im Kreis,
Wolken, die mich durch das Weltall zogen.
Meinem Leibe wurde kalt und heiß.
Sah die Erbe unter mir im Bogen kaum,
Und zu Geist ward ich im Raum.

   Aber wo mein Herz am Berg gelegen,
Stand mit reifer Krone groß ein Baum,
Größer als die Zeit,
Groß und breit wie die Ewigkeit.
Und er rauschte voller Eifer: Weisheit, Weisheit!
Und mein inneres Auge ewig festlich Leben
Für den Tod eintauschte,
Als ich ernst und hingegeben
Diesem Liede heiliger Weltfestlichkeit im Geiste lauschte.

Über tredition

Eigenes Buch veröffentlichen

tredition wurde 2006 in Hamburg gegründet und hat seither mehrere tausend Buchtitel veröffentlicht. Autoren veröffentlichen in wenigen leichten Schritten gedruckte Bücher, e-Books und audioBooks. tredition hat das Ziel, die beste und fairste Veröffentlichungsmöglichkeit für Autoren zu bieten.

tredition wurde mit der Erkenntnis gegründet, dass nur etwa jedes 200. bei Verlagen eingereichte Manuskript veröffentlicht wird. Dabei hat jedes Buch seinen Markt, also seine Leser. tredition sorgt dafür, dass für jedes Buch die Leserschaft auch erreicht wird.

Im einzigartigen Literatur-Netzwerk von tredition bieten zahlreiche Literatur-Partner (das sind Lektoren, Übersetzer, Hörbuchsprecher und Illustratoren) ihre Dienstleistung an, um Manuskripte zu verbessern oder die Vielfalt zu erhöhen. Autoren vereinbaren direkt mit den Literatur-Partnern die Konditionen ihrer Zusammenarbeit und partizipieren gemeinsam am Erfolg des Buches.

Das gesamte Verlagsprogramm von tredition ist bei allen stationären Buchhandlungen und Online-Buchhändlern wie z. B. Amazon erhältlich. e-Books stehen bei den führenden Online-Portalen (z. B. iBookstore von Apple oder Kindle von Amazon) zum Verkauf.

Einfach leicht ein Buch veröffentlichen: **www.tredition.de**

Eigene Buchreihe oder eigenen Verlag gründen

Seit 2009 bietet tredition sein Verlagskonzept auch als sogenanntes "White-Label" an. Das bedeutet, dass andere Unternehmen, Institutionen und Personen risikofrei und unkompliziert selbst zum Herausgeber von Büchern und Buchreihen unter eigener Marke werden können. tredition übernimmt dabei das komplette Herstellungs- und Distributionsrisiko.

Zahlreiche Zeitschriften-, Zeitungs- und Buchverlage, Universitäten, Forschungseinrichtungen u.v.m. nutzen diese Dienstleistung von tredition, um unter eigener Marke ohne Risiko Bücher zu verlegen.

Alle Informationen im Internet: **www.tredition.de/fuer-verlage**

tredition wurde mit mehreren Innovationspreisen ausgezeichnet, u. a. mit dem Webfuture Award und dem Innovationspreis der Buch Digitale.

tredition ist Mitglied im Börsenverein des Deutschen Buchhandels.

Dieses Werk elektronisch lesen

Dieses Werk ist Teil der Gutenberg-DE Edition DVD. Diese enthält das komplette Archiv des Projekt Gutenberg-DE. Die DVD ist im Internet erhältlich auf **http://gutenbergshop.abc.de**